现代社会新邻里关系的探索与实践

边莉君　著

人 民 融 媒 出 品

红 旗 出 版 社

图书在版编目（CIP）数据

现代社会社区新邻里关系的探索与实践 / 边莉君著 . —

北京：红旗出版社，2020.1

ISBN 978-7-5051-5056-0

Ⅰ . ①现… Ⅱ . ①边… Ⅲ . ①人间关系—研究—中国 Ⅳ . ① C912.11

中国版本图书馆 CIP 数据核字（2019）第 301290 号

书　　　名	现代社会社区新邻里关系的探索与实践			
著　　　者	边莉君			
出 品 人	唐中祥	选题策划	盘黎明　刘险涛	
总 监 制	褚定华	责任编辑	毛传兵	
出版发行	红旗出版社	地　　址	北京市沙滩北街 2 号	
邮政编码	100727	编 辑 部	010–57274526	
E – mail	hongqil608@126.com			
发 行 部	010–57270296			
印　　刷	北京卓诚恒信彩色印刷有限公司			
开　　本	880mm×1230mm　1/32			
字　　数	150 千字	印　　张	7.75	
版　　次	2020 年 1 月北京第 1 版	印　　次	2020 年 1 月北京第 1 次印刷	
ISBN 978-7-5051-5056-0		定　　价	45.00 元	

欢迎品牌畅销图书项目合作　联系电话：010 – 57274627

凡购本书，如有缺页、倒页、脱页，本社发行部负责调换

目录 CONTENTS

前　言

社区新邻里关系

作为一家致力于探索如何在社区内建立新邻里关系的实操型迷你机构，自2014年以来，6年间机构分别介入6种不同类型的社区进行社区实务操作，分布北京、深圳、无锡、郑州、大理等地，尝试在不同的城市探索社区建立新邻里关系的可能性。

因此，此系列文章内容均基于我们实际执行过项目的社区实践产生。

本书要解决的第一个问题是，我们应该如何理解"新邻里关系"？我们认为在近年中国快速推动城市化进程中，形成了物理空间上的社区（这里指居住于一定地域范围内的社区），而居住者之间并没有实际关联性，所以没有形成真实的社区：没有社区共识、没有社区公共生活、没有邻里关系，等等。没有形成真实的社区，也就无法用社区相关理论、方法来解读中国的社区，更勿论找到治理社区、发展社区的合理路径，所以建立社区新邻里关系的重要性就在于把物理空间上的社区发展成真实的社区。

在中国的社区等待重新定义的现状下，我们基于实践首先对社区新邻里关系下了定义：在居住者主动参与的基础上，邻里间保有个体边界的相互尊重又相互支持的互助型社会关系。这种邻里关系是非强迫性社交，居住者保有主动选择的权利和自由。

建立社区新邻里关系的前提是居住者主动参与，这是因为实践中都是以这个为基础开展工作的，居住者有意愿，居住者发展社区，如果居住者不主动参与，新邻里关系的建立就不成立。一般邻里关系对标两个场景，一是小时候家家户户阡陌相通的熟人社会，二是大学生活。社区邻里关系和这两个场景有差异在于因为居住得近需要形成互助关系，但这种互助关系并不是没有边界的，而是彼此尊重不侵犯隐私不逾矩不干涉任何一个个体的权力的保有个体边界的非正式关系。你可以选择也可以不选择，这是自由的。

社区新邻里关系具备以下特征：非正式关系；有积极面；富有创造力；具备声望系统；具备教育功能；具备治愈功能。

社区新邻里关系的积极面是常有抗争、矛盾发生的冷漠型社区，用二元对立的方式去争取发声的渠道，往往导致社区的消极面；社区经历从无到有的过程，就是要靠每一位参与者的交流学习相互成长从而创造出来的；声望系统则是指对社区贡献较多的居住者应该具备声望，此声望与其是否有权势有财力有能力没有关系，而是独立于行政系统、市场系统的另一套系统，对社区贡献多、认识的居民多、名声好的居民，在社区内具有影响力，此为社区声望系统。社区需要具备教育功能，且是全生命周期的教育功能。孩子们在社区里接触到的人都是孩子模仿的对象，而孩子在价值观形成时期，居住的环境奠定了其成长后对社会的感知能力；成年人在社区里只要产生相互的交流，那么学习就自然而然发生了；从学校毕业踏入社会的新年轻人如果有社区的力量支撑，帮助他们更好地理解社会，就能帮助他们度过人生中重要的转折期，更好地融入社会；老年人在社区里相互交流则是倾诉缓解压力、老有所乐老有所依的地方。治愈功能则是不管遇到什么事，回到社区都有人可以倾诉，都有人理解你，生病遇到困难的时候邻居们帮助你，社区真的可以有治愈功能。利用社区共享空间的营造，将四种功能相关的社群加以激活和串联。从量变开始质变，触发蝴蝶效应，推动社区新邻里关系的发展。

历来的关系变革，其发端都不是某种具体形式，而是思维方式的转变。思维产生需求，需求推动新关系的建立。建立社区新邻里关系的六边形理论，用一句话概括为：搭建社区宣传平台，吸引有主动参与意愿的居住者，从而挖掘出社区种子并加以保护；以社区种子引导和培育社区社群，实现其自身可持续发展，形成社区内人和人之间的非正式邻里关系的建立；基于社区可用公共空间盘活社区各类资源，打造社区活力聚集地，建立社区新邻里文化。

第一章　社区系统之美

　　社区内任何行动的目的并非为了行动而行动，比如为了活动而活动是很浪费资源的，虽然看起来大家都是在举办活动，但背后的逻辑、指向性、延展性不同，同样的形式生发出来的可能性的丰富程度就天差地别。形容社区一个行动，一个好的社区行动应该像长成一棵"社区树"那样，从一个人的点子到一群人的行动，一群人中不同的人再有不同的点子，自我生成使社区系统更为复杂的系统。

　　社区看起来很寻常，其起源到成长，矛盾或和谐，由无数个体与环境及利益相关方相互持续作用而形成，尤其是从下而上经历岁月洗礼自然生长出来的极其复杂而又内部肌理饱满的社区。因而不能对社区轻视、不理解、妄图彻底改变之等等，社会发展自有其规律，我们可以得以窥探一二已很庆幸。我们无法阻止欲望的蓬勃，但社区并不受外力驱使，亦不担心社区这块硬骨头会随波逐流。

　　对社区的轻视，是从事和社区相关工作失败的必然原因，不用内部视角不理解居民无从激活其自驱力，狂妄拿下社区是痴人说梦。

对社区的敬畏心，源自对每一个平凡个体的尊重，看到社区种子为社区带来的升级、希望，创造着社区安全、舒心的氛围，不操心，不恐惧，不需防备。对社区种子的悉心呵护，给予每一种可能性足够大的生长空间，从萌芽到可能经历的矛盾犹豫失意到坚定的持续的行动，生发出社区内各类人的行为，对此的不预设不预判，赋予了内生力量足够的权力改变社区，创造更美好的生活。

社区是一个系统，社区的问题都是系统性的问题，可从三个部分尝试回应上面三个问题，并能浅显地展示出社区的系统之美。

第一节　社区意识之美

居住者对社区并没有概念，首先是因为社区的划分，不同的利益相关方就有不同的逻辑，开发商把自己的楼盘（一个组团或几个组团组成）划分为一个社区的地理范围；物业把属于自己管理、服务的小区认为是社区；政府按照行政划分一个居委会管辖的几个楼盘或小区为一个社区。一个物管都没有的问题多多的老旧小区，和一个较为高价的新商品房小区，都认定为一个社区，因此社区的概念认定就存在天然屏障。

其次是城市中大家都来自不同的城市、地区，彼此之间没有社会关系，却被动成了"生活共同体""利益共同体"，这个共同体是停留在字面上的，你要是和你的邻居说我们是生活共同体，人家应该很受惊吓吧。原子化的个体，组成了社区的最基础元素，可这些元素之间并没有连接，就不可能成为生活共同体或利益共同体。社区中个体原子化，是现实的障碍。

同时，社区利益相关方多、问题多、矛盾多，但是大部分人感受不到社区利益相关方多，对物业的感受直接一点，因为社区里有啥事儿能怼的、发泄的、憎恶的只有物业。社区是复杂的系统，问题也不是单一的问题，任何一个利益相关方责任缺失，会造成一系列的社区问题，当问题遍地开花的时候，还看不到这是系统性的问题，找不到合理的解决方案，只好"交给时间"——解决不了就不解决。

我们在无锡T社区介入后，社区活力很快以井喷式的热度激活了，我们暂且认定这个社区是由7个组团组成的社区好了。有个小事儿标志着居民们社区意识的觉醒，当时大概3个月时间就激发了将近40个社区自组织（且在没有场地支持、项目资金紧张、社区利益相关方诉求不同的条件下），都是由中青年群体发起，自组织、自发展、自运作，场地通过盘活社区周边资源来共同协商解决，比如临街的咖啡馆、附近商场的空余室内空间等等。每个社区自组织在给自己取组织名字的时候，都要在前面加上"TIC"，这是社区名字翻译成英文后，取每个字母的首字母拼成的。

记得第一次举办社区大型活动的时候，社区活力还没激发，居民和物业、居委会关系都比较远，入住率又低，要找到居民都困难，所以一开始就做了社区大型活动，目的是为了找到社区里的年轻人。当时我们团队做了一系列的工作，包括策划方案，方案还否了几次，要求是"你要让居民一看就心动，就想来，居民怎么样会心动呢？你得心动，你把方案整出来，自己一看都心动，想参加，再抛出去给居民"。有了一个完美的方案后，又有了后面一系列的行动，因为要让这个信息到达居民那里他们好来参加啊。大概筹备了一个月的样子，临时加了一个环节，招募10个社区志愿者，其实没有把握说居民就真的愿意来做志愿者为大家服务，就是尝试一下，不行团队自己上人数也够。

没想到招募帖一出来，瞬间报满。这事儿给我触动很大，我们以为这个社区很高冷，当创造机会提供给居民的时候，原来居民们都愿意为自己社区做一点什么。居民真的对社区没意识吗？不是，居民只是没有空间，没有机会，没有平台。什么空间？赋权的空间。

郑州Z社区刚完成了一场赛事，自然是引导居民们自发组织的，从有赛事计划、成立赛事组委会、定赛制、出方案、出预算、解决经费、分工各司其职、采购物料、定制奖杯、接受报名、准备现场、现场执行、整理回馈，我们的作用就是引导并协同居民解决他们解决不了的问题。

其中一个小事就是解决经费，计划寻找居民个人来赞助。Z社区因为老百姓做各种小生意的多，为了规范以及引导真正为社区提供好的服务，做了一个小项目叫"美邻市集"，是一个整合资源提供社区服务以及支持居民社区创业的平台，有300多位邻居，有需求的居民可以在固定时间段按照规则推荐商品。有一位比较积极的居民，当新邻居加入会表示欢迎，有邻居不遵守规则会站出来指正，慢慢会更多地表达意识。Z社区的居民思想意识上的表达能力相对弱些，有公心的居民挖掘得很慢，因为挖掘居民主要靠沟通，但是老百姓普遍不太看重思想上的交流，如果不吃不喝而只是坐下来沟通，是老百姓不太能接受的方式，就需要慢慢引导，引导其意识到自我的存在，发觉自己真实的需求，建立文化自信。因为社区前期维权比较激烈，大部分居民在社区内的表现方式也是凶猛地唾骂，把自己社区"骂"得一文不值，天都要塌下来了。除了自己不"骂"，"骂"开发商，"骂"物业，"骂"政府，也"骂"我们小伙伴。我们就慢慢引导较为理性的居民们看到社区美好的一面，环境、物业服务、社区安全、好邻居、良好的社区氛围，一点一滴营造起来，让居民们感受到自己社区没那么差，甚至慢慢觉得社区挺好的。这就是社区的文化自信。

赛事要筹备了，先扔了个"饵"到美邻市集，请问有邻居愿意赞助咱们社区的赛事吗？

没想到很多邻居都表示很愿意。这是让我们非常惊讶的，千把块的金额虽然不是大钱，那也不是小钱。一位普通居民愿意掏出一千元现金来，等于捐赠给社区去举办赛事，表示其对社区的认同感产生了，他或她不认为这是别人的事情，是社区的事儿，所以，是自己的事儿。

你愿意拿出一千块捐赠给社区办一场和你没有什么关系的赛事吗？最终确定的这位，在美邻市集中成长起来的她，既没打比赛，组织活动也不太参加，现场有事儿也没去露脸，居民们初期的回馈方式也是比较质朴的，谈不上什么回馈。要说多有钱，并没有，这就是一个社区意识觉醒的过程。

实际上，社区意识觉醒，愿意捐赠是一方面，愿意付出时间、精力、人脉、创意也都是捐赠，只是不是普世理解的变现逻辑。这些纷纷进入到社区这个大池子，资源像滚雪球一样滚动起来，社区发展的基础就是社区意识的觉醒。我们的工作职责，就是唤醒人们。

那么社区意识觉醒了，就是对自己居住的社区有概念吗？我们反而依然需要引导居民学会和各个利益相关方协同，要对政府、开发商、物业都有良好的互动，相互支持，对各个社区利益相关方也要有概念。看，一环扣一环，系统就是具备自我生长、自我延展、自我调整的特征的。

当社区中各个元素开始意识到社区的存在和自己息息相关，并且元素之间意识到彼此的存在也可以是美好的，意识觉醒了，社区发展还会远吗？

一个社区中有至少百分之二十的居民愿意为社区发展出一份力，那么，是不是为社会出力也是同理呢？我们缺少有公益心的人吗？不缺！缺的是唤醒人们公益心的人。

社区意识之美，是觉醒之美。人性中善的一面被唤醒后的闪亮之美。

第二节　社区自组织之美

社区中各个元素之间，城市社区里，是没有关联性的，彼此独立；农村里各个元素之间，则存在着错综复杂的亲戚、宗族等等关系，关联性太过于没有边界。

　　所以我们需要的社区关系，是一种新邻里关系，建立在彼此尊重理性边界之上的社会关系。

　　社区自组织是让社区各个元素之间产生关联性的一种形式，我们把一个社区自组织可以看成是一个社区子系统。它让元素不再是原子化个体，相互产生社会关系，你是我的邻居，自然地就信任你，这就是一种信任关系；你是爱古诗词的，我也是，又是邻居，地缘优势降低了沟通、交通成本，一起吟诗作对，这是一种基于共同需求黏合到一起彼此熟悉建立联结的关系；临时没油盐酱醋了，因为认识了邻居，隔壁敲个门借一下，下次赠上一袋水果表示感谢，这是一种互助关系……

　　大理M社区是一个自然村落，长期因交通闭塞几乎被遗忘的一个村庄。村民们接受过初中教育的2016年的统计数据是百分之七，村民们急于摆脱贫困的生活，希望获得工作或赚钱的机会。就这样的条件，我们去不带着村民赚钱而带着村民们"花钱"，培育村民的社区意识，培育社区自组织，我自己心里都"悬"，不知道能不能把村民们激发出来，不知道可以培育出什么类型的社区自组织。所以去村里生活了一段时间，可能永远不知道他们真实的需求是什么吧，直到有一天山下上来俩人看到我，和我说话最后惊诧地打量，你不是村民？甚至有一对以色列小情侣，女生对着男友惊叹，指我，居然是city girl。所以对于大家总是直截了当地问，怎样可以"挖掘"居民，怎样可以激发社区自组织，我也经常直截了当地回答，当你成为居住者，从居住者的角度看待社区的时候，就什么都有了。

当时有个返乡大学生回到村里，要做一些让村民们理解的事儿，得是个好事儿，所以做了个给学龄前孩子们讲故事的事情。这是目前市面上很常见的做法，社区能干啥？要么老人啊，要么孩子啊！总没错的。

大学生很辛苦，每到周末挨家挨户去喊，这个小事儿看起来没什么，问题是如果有一天大学生不讲故事了，村民们会有意见，产生新的社区矛盾。熟人社区的内部关系就是很复杂的，不要在没建立信任关系的时候就轻举妄动。于是就先和村里几个比较注重孩子教育的村民沟通起来，了解了解他们的想法。根据社区的现实情况，适当地激发家长们承担一点教育责任，是较为低成本并可执行的方式。了解到附近有一个由社区家长们共建的幼儿园，通过朋友辗转联系上校长，校长是很神奇的人，长年在少数民族地区做教育，对当地情况也比较了解。没想到，过了没两天校长跑上山了，几个在山里的村民就和校长聊了一下。

"高质量"的人，沟通效果就是不一样，这么一番沟通后，村民居然主动提出来想走出去看看幼儿园。我们就顺水推舟引导了一下，不过具体安排是村民们解决的。当时还留了一招，就是没松口说给资金支持，这是村民们的需求，看看他们是否愿意自己支付成本，如果不行，提出来要支持，项目经费充沛，支持也没问题。惊喜是，从头到尾，村民都没跟我们提钱的事情，都是各家承担了自己出去学习参访的成本。这一群

8

走出去参访的居民，已经开始付出时间、精力、资金了，一个社区自组织的雏形也在呼之欲出了。

走访学习回来后，所有学龄前家庭的家长聚集在一起开个会。但其实开会之前我们做了大量的工作，和核心的几个村民商量，讲故事，要求家长轮值讲，不要怕自己文化水平不高。你可以教自己擅长的，游戏、手工、白族调、打跳、简单的汉字、简单的数字等等，村民的手都很巧的，同时筹集了一批大概30多件的学习工具包（这批学习工具包是用当地的材料制作成润唇膏卖得的钱款购买的），轮值还可以用工具包里面的工具。

轮值的话，这事儿村民提出来但很难轮值起来，大家都需要劳作，年轻人都是家里主要的劳动力。那我们就降低参与成本吗？假设一周一次，每次贡献一小时成为社区志愿者给娃娃们上课，由8个家长轮值，那要两个月才轮到一次，这样是不是还算合理？可以试试。好，基本的制度设计有了。可村民缺乏契约精神，不遵守规则怎么办？要写承诺书，承诺书里条条列清楚，规则又有了。村民又提出来，写了承诺书不遵守的怎么办？设置了惩戒制度，交一百块钱押金，就是轮值可以自行调换安排，但不能缺席，如不打招呼轮值轮到的时候不履行职责，要扣钱，每次五块钱，从押金里扣。

这些全部准备好，引导村民们都捋清之后，正式开会。会议通过，自愿参与的家长签承诺书，并且交付押金。押金一交，马上选了两个财务出来，一个管钱、一个管账。

第一周轮值的时候，有两个娃娃，平时就没见过其干净的小脸蛋，穿着干净衣服清清爽爽地来参加。这不是别人要他们做的事情，是村民们自己的事情了，这不仅是社区意识的觉醒，文化自信的觉醒，也是责任意识的觉醒。

轮值一段时间后大家体会到这样一个社区自组织的运作方式让村民自身也感到快乐和成就感了，基本问题就不大了。再把大家召集起来，给这个社区自组织取了个很好听的名字，叫"爱娃娃"。到后面就基本不用管了，村民自己持续运作下去了。

很多人问，怎么自行组织就自我运作了呢？而且就是这么做的。

第一步：收集居民们真实的需求；第二步：引导居民们成立组织，以团体的力量共同完成一个社区行动；第三步：协助社区自组织完善制度框架、建立规则、设置其他，等于设计一个可持续发展的模式；第四步：落地论证可行，改进、完善、调整；第五步：赋权，放手让居民们执行直至养成自我持续运作。

自组织在系统之美之中有个定义，"使其自身结构更为复杂化的能力"（self-organization），就这么一个小小村子的小小自组织就是这么复杂地发展起来的。复杂也可以是很美的，就像我从没想到有一天村民会主动自己掏钱不伸手问你要而走出大山去学教育。教育是什么，教育在村民的意识中不等于钱，不等于钱就驱动不了大家去做，变现逻辑横行的时代，谁来跟你谈真正的社会价值呢，更何况村民呢。我从没想到村民居然真地把一个社区自组织自我运作起来，后来还会有

10

更多。村民都可以，城市居民有何难？只不过城市社区受干扰太多。

社区自组织之美，是复杂之美。真正美好的东西，都是从复杂中生长出来的。

回答开头的第二个问题，不陷入死循环，是有别的降低人力成本的模式的。上述的社区已经一次次做了示范了。在农村人力培育完成项目的经验，我们进行了进一步优化和应用。今后我们机构采用的人力培育和工作模式都将不再为了人找钱，为了钱再找人做，不做这样的模式。人力还是这么多，可做更多的事儿。

第三节　社区协同之美

协同和对抗是对立统一的。社区中经常看到力量的对抗，城市社区因为利益相关方太多更为复杂，社区利益相关方包括了街道、居委会、业委会、开发商、物业、社区商业、居民等，每一方都想以一方力量为中心，又没法制衡其他力量，就只能各自做各自的，资源浪费常有，各自站队现象也常见。所以城市社区太难做，干扰太多了。

因此我们在做到第四个社区的时候，首先花了半年时间选择合适的合作方，前面很多经验（主要是教训）可以去判断和哪个合作方合作这事儿是可以落地的，不是所有的合作方都能在社区这事儿上落下去的。然后再花了一年时间沟通合作方的各个部门，不断地阐述社区是什么社区，可以怎么做，因为选择了一个比较难做的城市以及比较难做的社区类型，沟通成本很高，但是好在合作方选对了，全力支持。这是做城市社区的基本条件，需要各个利益相关方在社区发展这件事上有概念有共识，不造成障碍，这事儿才能做。

因为我们很弱小，而利益相关方：政府、物业、开发商无一不强大，既然我们没有可能实现平等对话，那只能在社区开始做之前沟通清楚，存在会造成障碍的利益相关方，这事儿就不能做。

因为在H社区需要开一个宣传渠道，因此和物业协商用物业的资质注册了个公号，实际上一直是居民们在自行打理，也是给居民们发布信息用的。但是在社区存在二元对立关系的情况下，凡是不维权的，都被指为"敌人"。一方面希望缓和物业和居民之间的对立关系，另一方面引导居民慢慢认识到社区里很多事儿都是需要物业帮助的。效果不是很显著，目前为止大概有200多粉丝量。有一次发布了一条车位软文广告信息，倒是效果蛮好，都跑到下面去"骂"。

我们小伙伴很委屈。于是告诉小伙伴，都是可怜人。其实任何人对这个世界人事物环境的不满，归根到底，都是对自己的不满。

但是因为这个公号是物业公司的资质，理性的老百姓还是明事理，以为都是物业在做的事情，对物业很是赞赏。

到后来，社区自组织慢慢发展起来后，需要物业帮忙的地方多了，引导居民自行去找物业协商怎么合作。有具体的事儿生长出来，共同合作去完成一个社区行动，这本身就是很有价值也很美好的事儿。这样,你还好意思动不动"去骂"物业吗?

在无锡T社区,大概项目执行半年正好是物业收费期,这个社区并没有和物业有过多交流。但是物业收缴率从以前的百分之七十多上涨到了百分之八十多,客户满意度也上升了。当时和我说的时候,还有点懵,还有这样的附加值?

对啊,社区就是一荣俱荣一损俱损,因为社区是一个系统性的整体,自然是整体大于部分之和。且T社区的模式是以居委会为主导的社区发展模式,项目执行之前,居民连居委会大门在哪里都不知道,项目执行之后,居民不管什么事儿都会先和居委会商量一下。

各个社区利益相关方开始收获社区福利,成了既得利益者,自然愿意投入更多资源,从而形成良性循环。

还记得,一开始盘了一下T社区周边的资源,有一个商场,因为T社区缺室外的面积较大的社区公共空间,就希望得到商场的支持,商场外的广场和里面的小广场都很大。谈了两小时,经理最后告知,这个社区的居民已经就在他们商场旁边了,商场没有需求。好吧,没有需求却浪费我两小时。

大概半年不到,经理跑去找居委会书记,说社区是否需要支持,他们提供场地没问题,如需要甚至愿意提供经费。此时的T社区,是一个内容扔进去,会得到成千上万居民响应的庞大市场了。滚雪球般,什么资源都来了。

但我们也有很惨痛的经验(教训)。在L社区的时候,一开始就做利益相关方的联席议事制度,每当这时候就变成N个

"甲方"批斗我们的会议。这就是没有前置判断是否存在利益相关方造成障碍，只与合作方沟通后就开展项目的代价。"甲方"完全等不到自己成为既得利益者从社区收获福利。

实际上，确实各个社区利益相关方要成为既得利益者才会对社区的支持很给力，这也是个社区意识觉醒的必经过程，毕竟没有哪个社区利益相关方经过专业的培训了解社区方面的知识。等社区利益相关方体验到社区的魅力，所产生的巨大的价值，即使并不懂到底这一切是怎么发生的，也不影响其对此喜闻乐见并主动积极地参与协同。

社区协同之美，是一起努力的美好，是放下成见、不再对立、愿意合作，创造一个让居民们生活一辈子都不想离开的社区的样子。

我们期待的社区未来，是居民们能认知到各个不同的社区利益相关方存在是有价值的，是可以帮助到他们的，是可以协同起来，虽然做起来并不容易。居民们也是一样，品尝到协同起来的美好，成为既得利益者，才会愿意持续付出。

第二章　社区团队模式

　　我们从2008年成立公益机构到2019年，11年的团队工作经验在实践中不断提炼，才有了我们现在的工作模式。

　　这个演变的过程要从2008年开始。2008年的汶川地震牵动了很多人的心，我们发起了到灾区去提供教育支援的行动，叫作青苗计划，这时期我们的团队很单一，清一色教师团队。同一种职业的人思维方式、行动路径较为相似，加上我们的目标是具有阶段性功能的。2010年成立好家长公益联盟（以下简称"好家长"），以培育社会中坚力量具备社会责任感为目标，培育了一个以家庭为单位的松散型机构，这时候团队采用了不同的工作方式。从家长中选取不同职业背景的有意愿志愿服务的小伙伴，成立了宣传部、策划部、人事部等部门，完成整个机构的运作。而面对所有的好家长，则采用积分制度，人事部就主要登记好家长们的积分。

　　好家长在最初介入社区的时候，提供了强大的在地资源支持。所以我们现在的工作模式多少受到之前做的机构积累的模式的影响——如何有效、低成本地运作密度高的公益机构，使之投入产出比最优。

在开始第一个社区项目的时候，没有任何经验，成立了一个8个人的工作团队，这时候用的是好家长的人，因为经过五六年的培养，好家长的小伙伴具备一定的社会责任感和工作能力，愿意为了除了自己、好家长以外的更多他人更美好的未来付出努力。

第一节　成立在地工作团队

根据原来做公益机构组建团队的经验，以及实践中一点点迭代，提炼出团队人员的特质：

一要人品佳，品性正，做事踏实，个人信用背景佳；

二要具备社会价值，有工作经验，本身最好在社会中历练过还能保持对未来美好的期待，保证自己生活得好才有余力帮助他人，并且去创造出有社会价值的事儿；

三要各个年龄阶段都有，不同的年龄的思维方式不同，相互碰撞相互帮忙可以实现团队的整体成长；

四要不同的受教育背景或职业背景，受教育背景、职业背景不同，掌握的技能和知识不同，各取所长可以充分发挥各自的才能，同样在思维方式上也可以实现互补；

五要有较好的表达沟通能力；

六要富有创造力，做有趣的设计，做有趣的事儿。

第一阶段　好家长工作人员

在无锡T社区项目上，我们成立的就是这样的团队。优势是好家长培养了很多这样的人才。

大家来看一次会议纪要。

社区会议纪要
——无锡 T 社区

无锡 T 社区	**活动（会议）记录、纪要单**		表1	页码：共 2 页
会议主题	每周常规会议			
时　间	2015 年 10 月 27 号		地　点	社区 5 楼会议室
主持人	马赟		记录人	郭晓迪

参加人员	序号	姓名（网名）	栋号/电话	序号	姓名（网名）	栋号/电话
	1	边边		2	施珍妮	
	3	陆静		4	郭晓迪	
	5	小周		6	马赟	
	7	隋静		8	苏艺康	

TIC	活动（会议记录）、纪要单（续）
序号	会议纪要
1	社区沙龙 参与对象：面对所有人开放，居民、物业、居委会、业委会、商家，只要自己有意愿感兴趣都可以参加。 主题：暂定"我心目中的社区"，粗浅地谈对社区的认识，循序渐进。因为无锡社区的氛围还没出来，大家对社区是啥，具体在社区能怎么作为并不了解。如果在慢慢了解的基础上，可逐渐一点点深入，下一期可以谈谈美国的社区是什么样的，再一期可以持续举办。 报名：用互动吧报名，边迹个人公号转发，限制25人 地点：待定**（陆静）** 时间：11月下旬　11月上旬发互动吧**（陆静定好时间地点并落实赞助、马赞负责发帖）**
2	（1）俱乐部是否需要规范化管理？ 建议一：俱乐部不允许广告，有广告统统去欢乐市集。其他俱乐部自行安排，职责明确。 建议二：实名制到楼栋号门牌号，非业主就标明非业主或其他社区打头。 建议三：设计入会表格，加入俱乐部要登记相关必要信息。此建议适合较为成熟的社区俱乐部，例如欢乐市集、烘焙、羽毛球等。 建议四：建立积分制度，对成员享有活动优惠等。 （2）楼长事宜 楼长的重要作用：社区活动的重要抓手，如果楼长对楼道上下都比较了解，对推进社区各项工作都有帮助。目前按照俱乐部的活跃程度，理论上招募楼长会有居民感兴趣，所以楼长这个工作可以由居委会、互助会共同来推进。 社区大约有100多个楼栋，不是要一下子就把每个楼长都选出来，楼长需要筛选，所以可以选择一个楼栋作为试点。（详情见3） （3）社区议事**（珍妮**，暂定下周一晚上7点到8点，和**付老师**沟通，由她和俱乐部发展态势良好的靠谱居民开会，其他想要参加的欢迎参加） 提前准备议程，需要商议哪些内容。到开会的时候一项项研究。 需要有一个主持人，可以让与会人员都能发言，公平公正。

（续表）

序号	会议纪要
	需要做会议纪要，详尽地记录谈的内容、过程、结果（无结果可以下次继续商议）。 定一下每月议事的时间，以后固定开会。常规一月一次。 （4）欢乐市集因为慢慢有影响力，建议设计欢乐市集的 logo。在今后每次市集上任何地方可以展示 logo 元素，包括由欢乐市集今后可能会出品一些明星产品、欢乐市集扶持的居民创业品牌等等。**（晓迪落实并与老左沟通如何推进）**
3	楼长的选拔（具体放到社区议事讨论，从试点开始，以点到面，逐步推进） （1）现状：现有楼栋 100 多栋（具体数据需要居委会再给精确数据，**小周**） （2）楼长标准：三点——责任心强、愿意和谐邻里、为人正直有爱心。 （3）工作职责：①了解楼栋内的居民状况和人口 ②宣传法制法规，增强居民自我防范意识 ③配合社区工作 （4）工作职责中有一块治安巡逻任务，从楼长职责中剥离出来，建议在社区成立治安巡逻小组，可召集一些热心居民来做这个事情。（下次会议讨论怎么做这个事情） （5）每月召开一次会议，待遇：600—1000 元 1 年（具体需居委会告知，不详） （6）选拔设想：以楼道为单位组织聚餐或其他交流形式的小聚会，地点选在社区内的小公园小亭子等适合的地方，如果这样的活动受居民喜欢，看有否可能慢慢延伸到其他楼栋，也以这样的方式开展活动。从活动中建立起一栋楼里面居民的信任度，从而挖掘出楼长。
4	季刊：做好封二、卷首语和介绍社区基本情况（**小周 / 王书记**） 居委会、业委会、物业、互助会都要有版块——议事会议拍照用**（晓迪）** 居委会、物业版块（**小周**） 已有版块：羽毛球、手作坊、源生堂、旅行吧、科技工坊 / 太极、烘焙、公益屋、一直骑、亲子 / 足球、环保 / 心灵花园，**各自搜集素材 11 月 10 日之前给晓迪**

（续表）

序号	会议纪要
5	上周工作进展 （1）市集玩具漂流。 因场地限制，流程简化，只要居民来捐赠（旧玩具、旧书两项），包括不捐赠的居民，都可以来童话城堡玩。（**招募帖子由马赟、大树负责**） 玩具捐赠给谁？没有明确对象，老孙回复是同城民工子弟。所以需要做一项工作：玩具捐赠之后到哪里、给了谁坏的玩具修复成全新的样子之类的明确的回复等。那么，居民看到玩具捐赠出去的很好的反馈，可以增加信任度，社区公号上对这一事件进行宣传，也增强了公益元素。（**晓迪**） 玩具城堡是否需要用电，用电需要物业支持，老孙带拖线板、以及号召居民带点拖线板以防万一。（**晓迪、陆静**） （2）钓螃蟹 2*2，老左把这事儿揽下来了，具体场地多大，放置在什么位置，整个过程怎么操作，再落实一下。（**老左、晓迪**） （3）摊位安排（**晓迪**） ①摊主的摊位信息表格整理出来：门牌号、业主姓名、店名、店铺内容、拍品、摊位号、联系电话。（隐藏联系电话一栏后公示在摊主群，由摊主自行选择摊位，先到先得、资料齐全的先得） ②图书摊位的安排只说准备，不清楚到底什么情况，是左安排，还是怎么说再落实一下。 ③摊位安排图测量过场地，30乘以17，城堡位置往右上角靠，**海涛**出设计图。老孙11月8日当天提前去占位置，防止人家车子停在那里（**晓迪**） （4）下周公号推送（多图少字），包含好货推荐、店铺预览、拍品一览等，公号文章一定要少图多字有趣吸引人，参考边边微信【TIC 相约 118】做的店铺推荐。10月28日截止。（**晓迪、小周**） （5）市集准备工作 搭舞台（多大）需要跟老左沟通，需要什么协助。 拍卖牌、音响、公众号二维码。（**小周、陆静**） 红马甲（20件）。（**珍妮**）

（续表）

序号	会议纪要
6	绘本剧 （1）形式：社区小剧场（感恩节）（主题另拟）。**（大树、马赞发帖）** （2）时间：看绘本剧什么时间可以演出，待确定。**（刘乐融、马赞）** （3）地点：社区三楼。 （4）安排一个小时左右的表演，除了绘本剧，征集其他社区节目表演，做成一场公演。主持人陆静、小周。 （5）时间定了之后，一是招募其他节目，二是号召居民前来看表演。**（全体青谷成员、居委会、物业）**
7	羽毛球比赛（暂时搁置，等赞助消息） （1）时间：暂定12月。 （2）经费：队服、场地、奖品。 （3）计划表推进。

会议现场

21

从这一次会议纪要上，我们看到团队一周的工作量：

1.举办一次开放式的社区沙龙（不仅面对本社区，而是开放报名的讲述和社区相关内容的沙龙），同时要推进社区社团工作、推动社区议事、推动楼长制以及社区刊物的校对工作；

2.举办社区市集，市集的板块包括了玩具漂流、游戏城堡、钓螃蟹、搭建舞台、摊位招募等工作；

3.绘本剧表演（社区居民就是演员）、社区羽毛球赛事等。

从内容上看，这样的社区内容相当吸引人，足够有趣。团队付出多少心血可见一斑，也可见团队有多强大。

涉及的人员除去8个工作人员，还有至少7位非工作人员，以及居委会、物业、业委会相关人员等。就是说团队的工作量是极其饱和的，而团队人员主要的工作是激发、协调其他各类社区相关方（含居民）一起推动社区工作。

这样的团队虽然人员很出色，工作成效很高，但是成本很高。而且我们在第一个社区的时候还没有任何经验，而后合作方单方面违约中止合作，合作方就是我们机构的甲方，导致团队解散。也使得我因个人原因无心再经营公益机构。在机缘巧合下，促成了后期工作团队大幅度降低成本的新模式诞生。

第二阶段 在地居民 + 外部支持

在低潮期接手了一个农村社区项目。这个村子位于云南省大理自治州剑川县沙溪镇，距离沙溪镇直线距离11公里的纯白族自然村落，叫作马坪关。这个村子是师傅带着我加入的，师傅是当初带我进入社区领域的"贵人"。在最初接触到马坪关的时候，当地人说话需要翻译，因为交通闭塞，村里人和外界交流较少。白族是一个什么样的民族呢？就是一个白族人遇到另一个白族人必定就只讲白族话了。

还记得第一次上山，我是去给村民开会的，开什么会呢？开化粪池放在村里哪个位置。我一城里人，自己都没听说过化粪池，去给人家商量化粪池怎么建。第二次上山，因为村里原来上山下山是没有路的，刚修的路，一下雨车子不能上，就只能徒步上山。人生中第一次在根本就没有路的山里，踩着原来的陡峭的马道（古代运输盐，从弥沙到马坪关交税，然后下山在沙溪市集上交易），下着大雨，足足爬了五六个小时！这还没完，隔天还要爬下去。

每一次去，我都在心里暗暗发誓：如果没有厕所，下次就不来了！如果路不修好还让我爬，下次就不来了！如果人畜不分离，吃饭的时候菜上来一层苍蝇（饭菜上满满地铺上一层苍蝇，一点都不夸张！不得不一边吃饭一边赶苍蝇），下次就不来了！……就这么啪啪打着脸一趟一趟地去。

马坪关是我真正进入社区领域的敲门砖。在这个项目上，我开始成熟了，了解到什么是真正的内部视角——和村民们一样的视角。

在黄先生（黄印武先生）和我说希望去村里做社区工作的时候，收拾收拾就去了。总有人值得你为君一句话而奔袭千里的。

在马坪关做社区项目，要解决两个问题：经费、人手。当时恰巧中国扶贫基金会发布了一条信息，面向全国招募项目，项目的资金量上限50万元。抱着试试看的心态发了项目书过去，没想到……一路过五关斩六将居然拿到了项目资金。不仅如此，在和另一家基金会——爱德基金会第二次面谈后，爱德基金会决定和我们合作，给予资金支持！

人手的问题是怎么解决的呢？要是组建个团队到马坪关成本太高了，交通成本、食宿成本、人员薪资等，是很现实的困境。还有一个困境是，和当地村民的沟通进入了瓶颈期，对于村民来说没有可见的真实的内容，时间一长就会对外来者产生质疑，遭遇信任危机。社区的发展取决于居住者的改变，是否具备力量去改变自己所居住的社区，居住者的改变，就是思想意识的改变。我们面对的是2016年统计的全村村民的受教育程度，初中以及初中以上占到全村百分之七的人口比例，改变村民们的意识，难于上青天。可村民的意识不改变，任何作用于社区的力量很可能会是无效的。

因为两个困境，突发奇想，是不是可以由村民们来成立一个团队，因为村民和村民之间沟通是顺畅的，村民就住在村里，大量节约了工作上的交通成本。那村民做不了的事情怎么办呢，如宣传设计、项目设计、提供资源、文案工作等，扩大范围招募有同样生活经验（生活在附近村子的大学生）及有专业能力的城市里的小伙伴。这样在地的村民在地执行，外部招募的负责村民做不了的事儿。

这事儿并没有得到支持，只是我直觉可以这么去操作，于是发布了一个招募启事，招募自然是罗列清楚要求的。

居然如愿招募到并成立了一个9人工作团队。因为距离远，采用每周"线上例会"的工作模式。有效推进了项目进展，到最后的项目汇报当地村民都是可以完成的。

在马坪关项目上工作模式的成功，论证了虽然每个社区基础不同，但都可以找到合适的人，并且可以把合适的人培养出来。

第三阶段　在地居民

在郑州Z社区，我们是没有任何社会资源的。前面两个阶段，第一阶段我们在本土拥有良好的社会声誉和较丰厚的社会资源，还有一批已经培养好的公益人才保障项目的快速推进，实现了社区新邻里关系的建立。但从外地社区项目开始，我们就面临一无所有的状况，没有任何在地资源的支持，如何建立一个在地的社区团队呢？

寻找在地可以支持的力量。

我们从公益圈入手，寻找郑州在地的公益小伙伴，有一位在筹款平台认识的叫韩青的小伙伴正好在郑州，通过他我们又认识了其他的郑州关注社区领域的几位小伙伴，还认识了郑州大学社工系的老师们，以及河南区域关注社区的一些学者。

凑巧的是，韩青正好认识一位居住在郑州Z社区的居民，而且这位居民曾经在公益机构工作过，是一名律师。通过这位律师居民，开始逐步了解社区现有哪些群体，哪些超级大群，都是哪些邻居发起的，这些真实的信息——得知。但是这些群，要么是维权群，要么是广告群，很难物色到不错的居民。迫于无奈，采用最土的方式，在居民们晚上吃过晚饭出来散步的时候、周末的中午时间段厚着脸皮去和一个个居民聊，通过这么一聊，又知道了几个邻居微信群，虽然小小的只有二三十个人，但属正常的生活交流群，收获很大。聊了几天后我们没地方可以坐在一起归纳总结，就跑到物业前台，占了几张椅子在那里谈得眉飞色舞，有个来物业办事的邻居旁听很久后按捺不住也加入了我们！

就这么一点一点地，物色到符合要求的邻居，有律师、建筑师、大学老师、摄影师等六七个邻居都没有职业重复的，组成了在地工作小组。

郑州的社区和南方、北方的社区都不一样，他们带着原来生活在村庄的风俗人情及生活饮食，就只是换了个地儿而已，所生长的家乡的一切还铭刻在他们的骨血里。我们到第二次办市集的时候，在地的居民团队在地工作，我已经不添加居民们的微信了，市集上逛到哪个摊位，一聊，啊，你是边边啊！便一分钱都不肯收我的，拼命塞东西给我表示谢意——掏心掏肺地对你好，毫无保留地也恨不得把最好的东西给你。

中原这片土地，魔幻又神奇。以前极力反对我们工作，甚至是对立面的维权居民，也会成长，转变为社区的参与者、支持者、贡献者。

第四阶段 培养社区利益相关方

我们在做第二个项目——无锡L社区的时候，就想尝试培养居委会的工作人员。社区利益相关方之间的关系处理本来就是社区中最难啃的一块"硬骨头"，居委会对他们要参与工作表示反对，认为已经花钱请我们机构了，我们把活儿干了就行了。

在郑州Z社区的时候，尝试过培养物业的人员。开发商内部的关系很复杂，我们没有培育物业人员的权限，因此也没有得到推进。

但在我们的实践中，社区居民成长起来是会带动社区利益相关方成长起来的。说明这条路径理论上是存在的，只是我们还没有实践出来。

案例：在无锡T社区项目执行大半年后，有一次一个社团组织亲子活动，物业经理很热情，主动提出来他们有一些溜冰体验券，可以提供给至少50个孩子去溜冰玩儿。邻居们很开心，乐乐呵呵地带着孩子们去玩了。到圣诞节的时候，准备做圣诞老人来敲门，物业又一次非常热情地参与进来，从制作圣诞信箱放到门岗，圣诞信箱是让孩子们投递心愿的；到圣诞夜当天志愿者不够，因此装扮成圣诞老人，物业团队还都是女生，于是一夜之间，社区的娃娃们刷新了对圣诞老人的认知：原来这个世界上不止有圣诞老爷爷，还有圣诞阿姨、圣诞姐姐啊！

这个案例里的物业是具备做社区实务的潜质的，因为意识发生了转变并且付诸行动。如果有意识觉醒并且具有执行落地能力的社区利益相关方，是可以尝试实践做出一套适合相关方的建立社区新邻里关系的模式的。

第二节　工作原则和机制

解决工作团队的来源问题，就是怎么工作的问题。

如果按照我们投入人力来做社区，一是没有介入"别人家"社区的权力，合理性是问题；二是这会成为一个人力密集型行业，就是靠投入大量的人力才能完成工作。这两个问题在实操中通过一个社区一个社区地实践，有了现在成熟的工作模式——项目制工作模式。

我们在第一个问题上找到的解决方案是以居住者为主体，借助于社区在地的各类力量、各个信息渠道、各种信用背书，找到符合条件的居住者组建团队。这些条件包括：

一要积极主动有意愿；

二要人品佳，待人诚恳；

三要踏实务实，做事实在；

四要和各个社区利益相关方之间没有矛盾，并且能理解对方工作的不易；

五要具有社会价值；

六要各个年龄段互相搭配，不能只有一个年龄段；

七要有各种教育背景、职业背景，尽量每个人都不同；

八要具有团队合作精神。

这样的成年居住者是培养不出来的，他们客观存在于社区中，我们要做的就是——找到他们。

但同时我们不要忽略各个社区利益相关方的力量，社区要发展得好，要么一荣俱荣，要么一损俱损；以往的靠强大的个体完成事项的逻辑不适用于社区，社区需要的是不那么强大的人，甚至弱小的人，因为不够强大不够能干甚至需要帮助，才有实现社区内协同的可能性。

居住者，尤其是长期稳定的居住者，对自己的社区是热爱的、有责任感的、当成自家的事儿的，这是任何工作人员以及利益相关方很难做到的——这不是一份工作，而是热爱的能为他人创造价值的伟大事业。虽然我们不能去质疑行动的动机，但是为什么而做社区工作，是直击灵魂的拷问，需要反复思量去伪求真追问答案的。

社区事儿杂，不明确工作原则、不建立规则，好团队也会变成"猪队友"。我们在工作中会存在边界模糊、内耗过大、信息不对称等坏习惯，社区的事儿庞杂到没有边际，如果按照传统的工作习惯去工作，那就成天处理事儿，谈不上工作了。因此我们一般建立起团队，首先要明确好两个问题：

（一）我们为什么工作？

显然，居民们并不是为别人工作的，而是完全靠自我驱动自觉自愿地来工作的，因此工作的目标并不是挣钱、让上级满意、获取直接可观的利益等等符合目前世俗标准对工作价值的定义。居民们为什么而工作？——为自己居住的环境变得更好而工作。是付出者，同时也是获益者。

（二）怎么工作？

1.明确工作目标

虽然工作类似于志愿者工作，但不代表随意，需要制定明确的工作目标，定期有产出。

2.确立工作风气

踏实干实事，任何事项大家共同交流共同协商，不允许私下操作。遵守规则，具有组织纪律性。

3.100%赋权赋能

这意味着100%责任，责任对于普遍的成人来说不是一个好听的词。但这个词我们从2008年用到现在，因为责任的范围很广，而我们致力于培养的是更广义的责任——社会责任感。所以即使这个词比较沉重，仍然是我们贯彻始终、致力于做人的工作改变人的动力，培育具有公共精神的成年人群体，影响未来会成为社会中流砥柱的孩子群体。

4.培养协作精神

团队学会怎么协作，怎么为他人创造价值，怎么在他们需要时及时给予善意，才能影响到社区其他方方面面。协作就是社区精神，我们都是一个个孤立的个体，彼此毫无关联或有关联容易产生龃龉，协作是把大家都能正向串联起来互帮互助的精神支柱。我们需要拥有这种精神。

我们来看一个案例，这是工作团队使用的工具：

会议议程表

会议主题	每周例会				
时间	年　月　日			地点	无锡 L 社区服务中心 2 楼会议室
议程板块	序号	会议议题			备注
上周回顾	1	**5 月活动整体安排：** 5 月 15 日棒球（小学一年级以上，20 组）帖子节后第一天出来（陆静）， 5 月 21 日交通（待定）， 5 月墨客轩活动，时间待定。 5 月 29 日救援演习（心肺复苏）和 6 月 1 日草坪趴放一起			
	2	4 月 30 日号足球活动大概有 16 个孩子参加			
	3	5 月 2 日茶道活动继续招募，协助群主归档			
	4	亲子交通体验参观（自行前往）暂定 15 组家庭。暂定（5 月 21 日）			
	5	6 月 1 日草坪趴：心肺复苏，跳蚤市场，拍卖，加入幼儿园活动			
	6	香樟园龙虾节和植物活动联合吃货、（现场做、现场卖、钓龙虾、每人带一个菜）等等。马赟先跟我家阳台部落格群主沟通看情况再定。陆静跟 Eat 部落格群主沟通			
	7	社区书屋发招募贴（书，无破损）			

（续表）

议程板块	序号	会议议题	备注
部落格	1	心灵花园活动推广	
	2	至善朝阳项目推进	
	3	6月1日儿童节活动的发布及内容设置	
	4	部落格导引 （整套流程、相关制度、登记总表）	
	5	部落格导引完善，即可招募部落格阁主	
	6	活动表，自己负责的俱乐部周一必须整理出来	
行政管理	1	每周的社区值班表	
	2	每个部落格的宣传倡导	
	3	每周的活动需要一个现场拍照	
	4	活动发布规定好时间，统一归口	
	5	归档工作落实到位	
建议	1		
	2		
	3		
	4		

会 议 纪 要

会议主题							
时间			地点				
主持人		会议记录		时间官			
参会者序号	姓名/网名	参会者序号	姓名/网名				
1		6					
2		7					
3		8					
4		9					
5		10					
议程板块	序号	本周任务	责任人	协同人	会议用时	计划完成时间	备注
上周回顾	1						
	2						
	3						
	1						
	2						
	3						
	4						
	1						
	2						
	1						
	2						

我们看到这是两张表格，一张议程表，一张纪要表。我们在太湖国际社区的时候用的一张纪要表大家看到了内容多到要溢出的一张表。我们在这个基础上进行优化，纪要里面需要把每项议题明确责任人和节点。

议事制度：

1.例会制度

每周一次或自定，例会是决策会议，即提前收集好议题，议题必须是需要执行的具体事项，例会上对每项议题进行商议并确定负责人和节点。

2.轮值制度

（1）团队的小伙伴们每周轮值做主持人，主持人即收集议题制作议程表，同时主持人是下一周社区工作推进的主要负责人，例会当天负责主持。

（2）会议纪要由团队的小伙伴轮值担任。

（3）议题负责人明确一个人，需要协调由这个人去协调寻求其他人的帮助，这个人对节点负责。

（4）节点由负责人给出，否则默认下周例会前一天为节点。节点具有实效性，必须在节点之前完成，不拖拉。

（5）如有社区小助手，主持人将接手下一周的小助手工作等。

建立一个在地居民的团队，建立起团队的工作职责和议事制度，在社区内的工作就有头有尾，可以放开手干活了。

虽然居民们有动力行动起来改变自己的生活环境，居民们也有天然的权力去参与改变社区的行动，但光靠居民们的力量不足以支撑起社区整个生态系统，社区利益相关方，业委会、居委会、物业等是否也愿意参与进来，每一支力量都是支撑社区更好发展的强大后盾。

尤其在居住者流动性大、居住形态不稳定的情况下，比如租户的流动率超过20%，社区利益相关方或可委以重任。虽然社区利益相关方不可能培育成居住者，但是可以承担社区宣传、挖掘居民的工作。因而，要找到合适的居住者以及给予利益相关方法和工具。

第三章　搭建社区信息平台

第一节　梳理在地擅用的信息渠道

在地擅用的信息渠道

在地资源是支持社区工作的启动力量，谁熟悉社区，谁了解历史，谁曾经在社区贡献过力量，谁认识的居民多，谁具有社区声望，谁具有组织力，哪个单位信用背书较好，以往社区内是如何把信息告知到达居住者的，这关系到社区的过去、现在、未来。

因此在社区内建立信息渠道，首先需要调查社区在地擅用的信息渠道是什么。

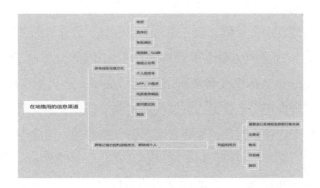

在城市邻里日常生活中，多元的行动者之间彼此共生，建立错综复杂的关系，对立、合作、冲突、妥协同时并存。邻里的行动者在有限理性支配下互动，运用合适的策略在争取对自己有重要意义的资源。而社区内不可见的往往力量比较大，因此我们首先要了解具有公信力的利益相关方、群体或个人。在无锡太湖国际社区，准行政化居委会是具有公信力的利益相关方，也是邻里中的代言人，然而实际扮演的角色更接近于"行政服务提供者"，而不是"政治控制代理人"。2014年介入社区时期，居委会开设的公众号上约有400的关注量，与物业、居民沟通均不频繁，尤其是居民并不太需要到居委会办事因此接触很少。但我们机构介入之后，发现居委会的副主任认识不少邻居，因为她曾负责过准生证的办理，认识了社区内的新妈妈们，加上她本身也是社区居民，认识一些老邻居，这就是具有公信力的个人了。在郑州紫荆华庭社区，在房子初期交付阶段维权不断，有居民成立了两个500人的大群，这是有影响力的群体，虽然后面和群体之间的沟通颇费了点心血。同样是在郑州紫荆华庭社区，按照立体化宣传渠道的建立，首先在社区建立一个微信公众号作为信息收口，公众号的关注度节节高升，这是因为联系了绿都地产集团销售部的一位经理，带着整个销售团队集体刷屏转发公号文章，也因为房子刚交付，销售要把房子卖出去和买房者需建立信任关系说服人家买房，所以在这个时期，居住者是很信任销售的，因此点击量攀升得快。在这个阶段，销售团队是具有公信力的群体。邻里日常生活中的行动者，对社区事务的参与和互动以利益相关性和情感相连性为前提，受日常生活问题性导引。当面临与利益相关的问题时，可能采取的两种行动：第一，借助于居民委员会进行意见反映和利益表达，居委会的行政性和社会性能够充当居民和相关部门之间的桥梁。第二，无组织框架的居民碎片化参与，即使是在多人面临问题时也很少出现一个有效的组织框架来解决，而由一部分人组成临时性合作共同体（比如拟购房业主群、已购房认证群等），在难题解决后再重新恢复成为各个个体的状态。

原有信息沟通方式未必全面但基本有效。居委会以往喜欢用电话的方式联系住户，尤其是年纪较大的居民，这样的方式比较适合老年人。宣传栏也是居委会常用的方式之一。物业张贴通知，因为有了电梯的使用权，物业公告有了更好的方式。显然人流量大的地方是社区内的枢纽，电梯人人都要坐。业委会偏向使用线上的方式，QQ群因能够突破500人边界，使用QQ群的依然有，物业也会尝试开微信群。开发商擅长运营公众号，也有建立个人微信号类似于社区小助手的角色当成品牌形象的方式，开发商的销售们以及物业公司的小伙伴们则把自己个人的微信号当成工作号，朋友圈发的都是工作内容。APP或小程序也是不少开发商或物业在尝试的方式。纸质宣传品，居委会会发放一些文明养犬类型、普及法律法规、防爆打黑、友情提醒等倡议类的纸制品，宣传海报、社区刊物、报纸也是由一些类似于第三方的社区组织来呈现，用于招募、展现社区风采以及自身的工作总结等。当然我们一定不可忽视线下面对面交流的重要性，显然，线下交流更容易建立信任关系。

是不是觉得这是个颇为庞大的系统？仅看社区原本在地的宣传渠道就有这么多内容了。

做社区工作需要与时俱进，吸收并且创造顺应潮流的新思维，去重新组织资源，建立架构和新体系，所以很多时候当我们介入任何一个社区的时候，其实是对这个社区的"入侵"，除非我们本身就是社区权力的拥有者，比如我是业主，或我是利益相关方，那权力拥有者行使权力具备合理性。这种"入侵"很有可能会让社区往好的方向去改变，也有可能往坏的方向，当然权力拥有者也同样有以上两种可能性。作为非权力拥有者，需要对介入的结果负责，谨慎、专业、尽责、心怀敬畏、足够谦逊，否则改变是不可逆的。我们承担不起一个社区的兴亡衰败的责任。

第二节　确保信息到达的执行人员

可以保证信息到达的执行人员

回到社区信息渠道建立的议题上，在我们盘完一个社区在地擅用的信息渠道后，需要在此基础上设计符合这个社区的立体化信息平台。但是在建立之前，我们需要探讨一个准备的问题。因为我们在北京的一个社区项目上发现建立了立体化宣传平台，几乎起不到预想的作用，复盘反思可能是在给到方法的同时，还需要有确保方法执行下去的路径。简单来说，就是得有人专门把信息传播出去。在这个过程中，核心环节就是落地——落实到人，也是社区新邻里关系的"变现"价值。

面临的第二个问题是：社区新邻里如何才能把它变成一个广泛实用的以点带面，而非阶段性的泡沫呢？一个理想的场景是社区内的相关方都愿意作为信息传播的渠道，齐心协力，物业有明确的张贴公告的执行人以及管理方按照流程训练过执行人保证其张贴的通知是符合规范的。别小看这一件小事，通知的模板、页眉页脚设计、落款时间、是否盖章等一系列的执行设计都需要根据受众的使用习惯和接纳程度系统性规划设计好。这是前置性的工作准备。

在目前国内的社区工作推进上，整体效率较低，政府积极购买各类社区服务、学者在研究各类案例、商业在创新、公益组织都在社区领域加油干活，社区新闻铺天盖地，社区理论遍地开花，颇有些"乱花渐欲迷人眼"和身在"庐山不识真面目"的错觉，尤其社区专业人才稀少，社区内利益关系复杂，面上看社区充其量搞活动热热闹闹，要不就是"一地鸡毛"难以描述清楚社区发展的价值。事无巨细，如果没有任何社会工作的经历和社区工作的经验，则在社区实务中每一个细节上都很难把握准确。简单到告知居住者一个信息，怎么告知？通过什么渠道告知？谁来做？做的话，怎么说？都需要明确下来。以上的只是举例，任何社区利益相关方都可以运作，方法是一样的。

居民们相互通知是效率最高的传播方式了，宣传素材可以很丰富，公众号文章、海报、一段话，等等。

真实碰面，居民或利益相关方都可以多多制造线下交互的机会，真实的交流可以加深印象，强化信息的真实性。有时候线上针锋相对，火烧火燎的，到了线下碰面，都彬彬有礼，很多小问题，都在face to face里释然，这也许就是中国人社群的特色。一次会面，一杯茶就轻松解决，这也是中国社区内邻里关系特有的特色。

在无锡T社区执行项目期间，首先是确定把居委会的公众号作为社区信息的公告平台，这是因为居委会是社区内具有公信力的相关方，老百姓虽然和居委会之间的连接很弱，但是居委会发布的信息老百姓是不会存疑的。对于居委会来说，群众需求无小事，把社区信息社区公共内容送到群众面前，让居住者们养成要了解社区信息就去居委会公众号上看的习惯，也是一桩大好事。当然这是需要一个培育的过程，符合居住者需求大家才会需要、关注、使用，除了了解身边发生的最新事，特别对于正常的"上班族"，上下班时间和居委会、物业上下班时间一致，在没有公众号之前，有些甚至不知道居委会在什么位置，社区参与度不高，有事情不愿意上门找居委会。通过建立信息渠道畅通了社情民意诉求的表达，真正的信息对称的传播则要发生在居住者对此产生荣誉感、自豪感的时候。开篇我们谈到的优势视角，我们会带着既有的经验和自己想要的目的进入社区，嫌社区这里不好，那里丑陋又不好看。退回到房子建立之初，大家有没有想过，当年大家住进新房子的时候，新房子是怎样美好地呈现在居住者面前的，现在的新房子到10年后或20年后也会被嫌弃，丑陋、差劲，这也不好那也不好。社区内真正有价值的东西都是肉眼不可见的，当我们试图用繁华的场景去"忽悠"的时候，相信的也只有不懂行的人。而用"忽悠"的方式把我们自己想要实现的目标带入别人生活的社区也是很可怕的。

居委会的公众号转变了一下风格，一是内容创新，二是突破传统宣传方式，三是和居民产生连接。内容创新指文风亲民，阐述平实，文章呈现社区活力。第一次到太湖国际社区组织一次市集的时候，因为居委会、物业表示和居民们接触不多，我们需要接触到居民才能开展工作，就准备举办一次市集——"你若盛开清风自来"，吸引居民们主动来。为此，设计了一款有趣好玩的市集方案，一次市集上设计7个板块，包括了创意摊位区、趣味拍卖区、扎染体验区、打开后备厢、家庭才艺区、母亲节表白区、泡泡秀游戏区，依次为富有创意的摊位30个，售卖一些稀罕有趣的物件；拍卖区则是因为练摊的不收取摊位费，换一种方式，摊位需提供一件拍品，0元起拍，每拍加价一元，当然可以直接叫价，拍得的钱就放入社区市集的池子，用于下一次市集的举办，财务公开公示；扎染体验区就是体验扎染，可以制作一件T恤，费用等于成本费即可；打开后备厢则是征集了几位志愿者提供车辆，后备厢打开放邻居们的二手物品；家庭才艺区就是以家庭为单位，欢迎来自由表演；母亲节表白区，爱母亲请大声说出来，正好遇上母亲节，就把背景板做成可以签字留言向母亲"示爱"的设计；泡泡秀游戏区则是用可折叠的泳池放入泡泡水，给孩子们提供大大小小玩泡泡的工具。

可能我们很多时候需要换位思考，如果我是居民，我看到这个方案，想不想参加？心不心动？如果我们自己都看了很心动很想参加，OK，那就准备好了。

准备好了，是对社区工作的敬畏。

好，这是公众号的内容创新。接着需要思考如何把这么有趣的内容让居民们知道呢？突破传统的宣传方式，那现在的问题是，居委会的宣传渠道很有限，就需要物业的支持，因为物业可以在电梯内张贴公告，那就决定和物业协商获得支持后设计海报张贴出去。在海报设计期间，又冒出个点子，虽然现在接触不到居民，但是没有人会拒绝孩子，于是我们做了一次招募孩子们做社区调研的行动，还给孩子们正经培训了一下，调研的位置在7个组团的一些枢纽位置，枢纽的意思就是居民们进进出出会路过的地方。地方的选择要思考，哪个时间区调研也需要思考。意外的是，因为孩子们的这样一次调研，接触到了第一批太湖国际社区的居民100多人，他们以意外的惊喜看待这些孩子们并且聚集到了一起。说是调研，其实我们只是通过这个调研传递一个信息——什么时间什么地点有一个什么事儿，感不感兴趣？那就来参加吧！这100多居民又开始辐射出去不断告诉他们认识的邻居，再加上电梯里活动海报的张贴，完成了社区市集的宣传，还和居民们产生了连接。

一次社区市集破冰，社区一系列的改变开始发生。

我们可以看一下这两张图，是从公号截图来的。

我们可以看到这是居委会的一个公众号，就延用这个公众号，因为是用居委会的公号来发布信息，居民们不会质疑动机，不质疑动机，建立相互之间的信任关系才有可能性。居委会和物业协商合作，获得物业的支持，物业的执行人员来张贴电梯海报。可以看到效果是显著的。社区虽然非常庞杂，但只要踏实做了，并且符合社区真实场景的，就会收获惊喜的。

　　每个社区的实际情况都不一样，擅用在地资源就是挖掘在地宝藏，不管我们有多么高效的招数，深度调研在地的信息传播渠道并且协同起来合作都是一项基础工作。

　　我们在太湖国际社区投入了一个8个人的团队，并且协同社区各个利益相关方的力量来完成一些工作。这个成本比较高。太湖国际社区是我们介入的第一个项目，其实没有任何经验，在我们做到第五个项目的时候才有时间梳理出社区内立体化信息渠道的建立方法。

　　当然，丰富的落地实操经验给我们积累了丰富的素材。

第三节　分析居住者获取信息的习惯

　　我们认为，每到一个社区，是需要分析居住者获取信息的习惯的，我们发布和获取信息时，包含3种元素：时间、宣传渠道、发布渠道，根据这3个元素，可以将信息放进这个空间直角坐标系中。

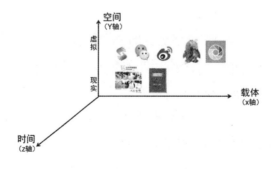

X轴表示载体，即发布渠道，如包括电视、杂志、海报、微博、互动吧、QQ、公众号等发布方式。社区里，居住着老中青、少、幼不同年龄段的居民。不同年龄的人群，他们获取信息的方式不同，因此，覆盖全年龄段的人群，需要使用他们熟悉的传播载体。虽然微信群的作用从2014年到2019年之间是有明显下降的，也就是说在2014年我们执行社区项目的时候，依靠微信即可完成让成千上万乃至更多的居民相互之间产生连接的可能性，但到2019年要实现人和人之间的信息畅通，光靠微信已经不可能实现了。

Y轴表示空间，即宣传渠道，主要是指线上虚拟空间和线下实体空间。**线上虚拟空间，**如各类直播软件、微信朋友圈、微信群、公众号、QQ空间等。这类空间有其独特性，它们的传播不受地域的限制，不受时间的限制，也不受天气的限制。它还有一个最大的特点——留痕，它有记录的功能，人们的任何痕迹都追溯可查，是一座巨大的数据库。**线下实体空间，**凡是能够让居民们停留的区域都应该考虑为社区公共空间、广场、走廊、室内空间、道路、绿荫旁、运动场所等。如电梯海报、社区各类活动，尤其是社区大型活动。线下的传播地域性很强，覆盖范围较窄。电梯海报和传单是人们常见的形式，组织各类活动，也是商家开始使用的方式。其中，社区大型活动是延续时间最长，人与人交互最多，最吸引人气，传播范围最广的一种。

Z轴表示时间，这个时间指的是信息发布的时间和大型活动的时间，我们通常选取居民们空闲的时间段，在这个时间段发布信息或通知居民们可以看到的概率大。通常人们选择获取信息的时间有以下几种：早起"睡前，三餐"午休，上下班地铁，黄金时间。归类一下，大致可以分三个时间段，早7点到9点半，中午11点到下午2点半，下午5点到晚上12点。大型活动周末人数比平时工作日人数多，随着自由职业的发展，这个数据也会发生变化。

基于时间、空间两个维度，引导居民们在这些载体上发生信息的交换和传递，那可以看到使用的载体是很丰富的，互动吧、灵析、报名工具、微博、美篇、公众号、朋友圈、支付宝等。分析完居民们获取信息到使用载体的习惯后，就可以开始建立社区立体化宣传渠道。

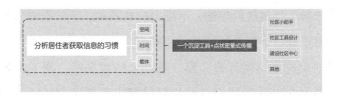

第四节 一个沉淀工具＋点状密集式传播

我们将这种方式总结为一个沉淀工具＋点状密集式传播。

在介入任何一个社区的时候，我们都需要一个合理的身份。在最初的几个项目我们完全以机构或个人身份介入，到项目深入后会无法自洽，居民们的质疑、复杂的利益相关方的质疑都会对项目造成重创。为了更好地保护社区，也为了保护从事社区工作人员，设计了社区小助手这个角色，社区小助手是一个代称，居委会、业委会、开发商、物业、公益机构、第三方以及其他相关方可以取一个适合自己的名字。

社区小助手是社区工作人员接触居民们的工具，目前我们用微信个人号来树立社区小助手的角色。社区小助手的后面是所有社区利益相关方共同支持下呈现在居民们面前的角色，它负责树立社区价值观、传播社区信息、协助居民们发展自己的社区。具体的操作办法在后期文章中会专门做详细的介绍。那我个人其实蛮希望以后可以研发一个AI的，现在社区小助手其实就是人工社区AI。

社区小助手是解决社区信任问题的，解决了信任问题，才好开展一系列的社区工作，社区小助手很重要的功能就是需要引导居住者们使用"一个沉淀工具"。

前述太湖国际社区公众号的案例，就是把公众号作为一个沉淀工具，所有的社区内容都需要在公号上呈现。那时候互动吧还是很好用的时候，居民们撰写内容，居委会把这些内容收集过来发在公号上，并在阅读原文里面链接上居民们撰写的内容。居民们会愿意传播什么样的社区信息呢？和自己切实相关的、和自己有关系、是自己的事儿，居民们才会传播起来。

沉淀工具可以自行确定，社区小助手是不适合作为沉淀信息的平台的，因为不够开放，微信公众号就是开放的，沉淀工具开放的具备公信力的线上工具较为合适。

只有线上平台是不够的，社区的内容都需要线上线下不断交互产生出丰富的可能性，线下的交互才能真正建立起社区信任关系,有条件的社区可以建造社区中心作为线下居民们交流活动使用的社区空间。这类空间的盘活使用,需要体现责任主体的主体性,主体对空间有支配使用的权力,才会对空间产生归属感和认同感,以及对空间负责形成共识来维护的使命感。

对于没有条件的社区也没关系,社区的空间梳理开放、半开放、封闭、间隙空间,需要对社区空间做全面的梳理,根据社区的实际空间情况规划可用空间即可。

社区中心或类似社区枢纽位置的空间,同样也是信息枢纽,在这些位置设置公告栏并及时张贴通知也是信息传播的重要渠道。

除去以上这些渠道,有的社区案例会制作自己社区的刊物,开设社区电台,设计小程序;等等。社区有意思的地方就是一旦赋权于民,人们的主动积极性被激活,富有创造力的丰富可能性就会出现。

从一个沉淀工具到点状密集式传播,社区小助手是一个仅面对有意愿主动参与的居住者的信息渠道,社区工具设计2019年之前使用微信公众号从公众号链接上一切公式类的信息,2019年开始研发一款适合社区使用的工具。社区中心的建设则根据社区不同的空间条件来使用,社区的空间范围是根据人的使用行为可以无限延展的,只要人的活力存在,空间都是可变可创造的。而最佳的信息传播渠道,最为密集的传播是居住者自觉自愿并且持续性地传播信息,这种方式一分为二看,业主占多数的社区(60%)因其居住稳定在社区地域范围内,更易成为信息传播渠道,并随着其居住在社区的时间积累参与的，频次越高愈加提升其社区声望，是较好的榜样和示范，甚至会成为社区资产。租户超过50%的社区，尤其是流动性大的社区，则需要仰赖于社区利益相关方持续不断地传播信息，但居住者主动的传播是必不可少的。

第五节 案例：无锡 L 社区／郑州 Z 社区／无锡 T 社区

在2017年前期，一般鼓励把某个社区利益相关方的公众号作为一个沉淀工具。

社区信息平台需要像网络一样覆盖社区的所有人，以下是以微信公众平台作为信息传递开端的例子，不同的身份做社区工作稍有不同。

我们来看几个例子。这个社区也是把居委会的微信号作为沉淀工具的。

公众号首篇文章标题：《这才是社区正确的打开方式》

无锡L社区，有3个大家庭组成：香樟园、路劲天御、瑞仕花园，每个都是L社区大家庭的一员。

大家庭的居民们正在陆陆续续入住，大家庭的美好氛围也正在等着居民们共同来打造。

老年人说，正在老年大学学书法呢！如果社区就可以学书法，以后可方便啦！

家长说，小朋友午睡起来，就想下楼找小朋友玩儿，一个小朋友都看不到啊，如果有邻居的孩子一起玩儿就好了！

爱植物的居民，摆晒着自家阳台精心打理的花花草草，美好的社区生活这才刚刚开启呢！

时光不老，我们不散！
WUXI
4月10日,2016

热情的居民，准备了丰盛的餐点，邻居们快快乐乐地聚餐，既认识了邻居，还享用了美味。

年轻的妈妈，想认识社区里的新妈妈，交流育婴经验。

有心的居民，买了个篮球架安置在社区里，供居民们打篮球。

喜欢运动的居民，想找到同样喜欢踢足球的居民，搞个社区足球队。

……

远亲不如近邻，谁说不是呢！

我们社区还有各种各样的部落格，由居民们自发成立的社区俱乐部：好家长部落格——为社区家庭提供互助平台，关注社区孩子们的成长；墨客轩部落格——习书法，修身心；容娴雅居部落格——以茶为媒，喝茶交友，认识邻居们，打造美好的部落格氛围；Eat部落格——社区吃货聚集地，分享美食，共享美食；我家阳台部落格——分享阳台美景，交流种植经验，打造美好家园……

有些美好的事情，在蠡溪社区，正在慢慢发生着。

而这一切，都是因为你——我们社区的居民，每一位居民的参与而发生着的。

你的社区，你做主！

社区除了居民们一点一滴的参与，还有居委会的鼎力支持、开发商的用心辅助、物业的贴心帮助！期待着无锡L社区成为一个有温度的社区、一个邻居之间互帮互助的社区、一个邻里和睦的熟人社区！

用公众号正式告知大家，社区是什么，邻居们可以在社区里做什么，可以为社区创造什么，社区又能为大家带来什么，吸引居民们主动来关注。传播渠道则是梳理了在地的信息渠道后，通过居委会联动三个不同的开发商中的两家进行传播。

我们再看一下郑州Z社区，这也是一篇微信公众号的首篇，身份是物业公司。那这个社区在第一批交付期，维权较为激烈。这是一个高密度大型社区，中原地区的居住者从周围的农村进入城市，带着原有的生活习惯，有些习惯是非常有利于建立社区新邻里关系的，比如热心帮助邻居，邻居们聊天发现来自同一个地区，马上就建立起社区信任感；等等。但在公共意识上相对弱一些，公共和私人之间没有明确边界。

所以有了以下内容。在地物业现在仍然在社区里延用。

我们有个美好的约定：

美好的约定从这里开始

从我们走进紫荆华庭开始，就注定跟它产生了千丝万缕、密不可分的关系。

这儿是我们的家，承载甜蜜回忆，带给我们牵绊，更给予我们温暖，终有一天也会成为我们的骄傲。

我们每一个人既是它的参与者，更是它的守护者，现在让我们来一个美好的约定，营造温馨和睦的大家庭从这里开始······

② 邻里友好，互帮互助

我们约定社区里邻里友好，互帮互助······

我们约定生活在邻居们相遇时，能友好打招呼、点头微笑的社区里；

我们约定生活在拾获邻居物品时，妥善保管并主动归还的社区里；

我们约定生活在老人/小孩儿需要帮助时，邻居们能搭把手的社区里。

紫荆华庭Family

干净整洁，环境优雅

我们约定社区里干净整洁，环境优雅……

我们约定生活在垃圾不落地、环境优美的社区里；

我们约定生活在邻居们自觉清理楼道杂物，不造成公共问题的社区里；

我们约定生活在邻居们不随意践踏草坪，不私占绿地，维护绿化环境的社区里。

文明和睦，多彩生活

我们约定社区里文明和睦，多彩生活······

我们约定生活在邻里之间即使发生矛盾，大伙儿也能好好讲道理、特别是在孩子面前不飙脏话的社区里；

我们约定生活在每个人都能合理安排自己的行为，不给其他邻居带来困扰的社区里；

我们约定生活在有人能行动起来，带着志同道合的邻居们一起丰富生活的社区里。

紫荆华庭Family

华庭Family小助手

你是我们美好约定的守护者者，快来微信搜索添加huatingfamily加入
我们吧，敬请备注邻居所在园区+楼栋门牌号！

· · ·

我们对紫荆华庭这个大家庭有着太多美好的期待，我们不愿意成为家的旅客，每天只是流连穿梭于钢筋混凝土之间，却没有丝毫温度；

· · ·

也许这个大家庭还太年轻，还有太多不尽如人意的地方，但是我们每个人都是它的家人，理应给它更多的理解和包容；

这一切需要每一位居民的共同参与，我们来一个美丽的约定，大家共同来制定一个倡导邻里和睦、和谐文明的社区公约吧，选出你心目中的美好家园，现在马上点击"阅读原文"参与投票吧！

　　然后我们看到上文的末尾有个固定尾图，是"社区小助手"角色。社区小助手是社区工作人员轮流打理的一个工作号，社区工作人员可以是公益机构、居民们、物业、开发商、其他等。在这个社区项目上，社区小助手慢慢成了主要的信息传播渠道。虽然最初的时候，这个小助手是因为居民们在社区内推进一些事项时不被理解或被攻击甚至辱骂，而为居民设计的一款隐形衣。

　　公号发布信息后，我们一直苦于找不到在地的宣传渠道。原因：1.开发商、物业和居民们都在里面，担心在社区里张贴海报让居民们维权更激烈；2.开发商的客服部门始终没有为我们搭建认识居民的渠道，也没有推荐任何居民给我们认识。

　　于是用了最老土的方式，在社区室外的公共空间，人们在吃过晚饭带孩子出来散步游玩的时候，厚着脸皮去搭讪。这招是管用的，有两个收获，收集到了社区里已有的微信群并加入进去；在物业前台（没地方可以坐着）沟通，吸引到一位主动要来干活的居民（加入工作团队），被我们的谈话内容吸引，认为这合乎她期待在社区里出现的场景——邻里和睦、互帮互助、远亲不如近邻。

　　积累了最初的一批居民数量后，开始很小范围地做活力激发，鼓励居民们表达真实需求，把需求转化成实际可见的行动、活动、社区内容等。但是不做宣传，闭门造车，还是比较封闭的。转机出现在开发商销售部门的大力支持，在不知情的情况下，整个销售团队开始刷屏宣传公众号上的每篇文章，美邻们纷至沓来——扫了公众号文章末尾的二维码添加小助手。

这之后，线下的宣传海报、公告栏通知，线上物业工作号的转发、销售工作号的转发、邻居们的转发一点点让社区内的信息传播畅通起来。

这时候我们回顾无锡T社区项目，社区居委会的公号平台项目开始之前只有400人关注，我们执行项目两个月关注量翻了10倍，有4000多居民关注并且持续增长。因为每个社群的活动信息发布都在公号上，成了居民不得不关注的公众号，信息量大的时候，一周的内容需要连着三天，每天发布8条才能发完。由每个社群居民提供文章，直接复制到公号上发布。后期承载不了这么多需求，有需求的社群纷纷再开个人公号自行打理。我们除了采用确立微信公众号作为信息平台，线下电梯张贴海报，线上建立微信群，还建立畅通的立体化信息传播方式：

1. 建促进居民们社交的平台；

2. 收集居民们朋友圈信息分析进度；

3. 为居民们主动传播信息提供支持；

4. 让每一个参与者都成为信息枢纽；

我们来看一组数据：

第一次社区市集，公号+海报，参与居民500左右。

第二次社区市集，公号报名，35个摊位，参与居民1000+。

第三次社区市集，公号报名，50个摊位，参与居民2000+。

至执行6个月项目期，居民自发举办活动场次超过200+，参与人次逾两万。

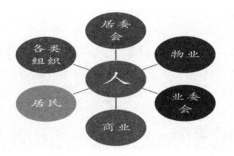

理想的社区传播方式是围绕着人的每一方资源都会主动传播信息，每一个人都是信息传播者，实现密集式的传播。

社区活动丰富多彩，在这里感受到了回到大学时代，重新体验了一下社团文化，真地体会到了房子不仅仅是用来住的真正含义，一个充满乐趣，充满人情味，充满文化内涵的社区让生活在都市中的我们不在孤单！心中充满了温暖！同时感谢默默为大家付出来组织活动的志愿者们！

今天带小岳岳第一次参加小区公众服务号组织的万圣节🎃讨糖🍬活动，小岳岳应该是参加的最小的宝宝，很开心，又不知所措😄每次到门口小朋友们敲着门大声说着trick and treat，门打开来大家都很开心的拿糖果😃感谢社区组织的这次活动，让我们小岳岳今天第一次体验了万圣节的活动🙏感谢社区的志愿者们🙏感谢参与给糖和一起讨糖的家庭🙏感谢物业的参与，为每个小朋友准备的小南瓜🎃🙏有意义的活动🙏

收起

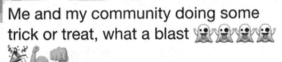

Me and my community doing some
trick or treat, what a blast 👻👻👻👻
🎉💪👊

1小时前

　　这3张图片来自3位邻居的反馈，只有当居民们把社区的事儿当成自己的事儿，积极主动传播时，密集式传播才开始呈现。居民们当成自己的事情进行传播具有真实性，更容易感染到邻居们乃至其人脉范围的群体。

　　这就是在解决问题的基础上成长，在挖掘居民自身主动性价值的前提下破除邻里"壁垒"。

　　虽然我们在这一章里面列举了不少公众号作为信息沉淀工具的案例，但是时间流转到2019年，使用者习惯并注重有着重大影响的各类工具在人们生活场景中使用的频次。显然在过去几年中我们曾经使用的很多信息工具已经不再被居民们高频

65

次地使用了。因此一方面我们不得不回归到传统的线下线上社区立体化宣传渠道的搭建模式，另一方面我们也期待着新的工具诞生可以助力社区信息的有效传播。目前我们也在致力于研发一款具有普适性的线上工具，期待通过实践论证具有可行性，可成为有效的信息沉淀工具并受使用者喜爱。

第四章　社区小助手

社区小助手是我们从实践中迫于无奈设计出来的工具，在实践中演变成了社区中的固定角色。但社区小助手是有缺陷的，因为人和人之间的链接越直接越好，小助手虽然保护了社区团队的工作人员，但也制造了一道相互之间直接接触的障碍。

社区小助手是建立新邻里关系的枢纽，链接着居住者、社区各类组织、社区利益相关方（居委会、物业、开发商、业委会、其他）等。

我们作为公益机构介入社区，苦于没有正当权力，容易受到居民们的质疑和抗拒。只有居民们才有天然的权力介入社区、参与社区、改变社区。于是项目需要赋予我们居住者身份，成为社区的一员，这样就可以名正言顺地开展工作。所以社区小助手虽然只是一个线上微信AI，实际上是一个社区团队在运作。我们在上一章谈到建立社区团队并且明确工作机制后就以社区小助手的名义开展工作了。

不同的利益相关方运作社区小助手略有不同，所以首先我们需要明确社区小助手的定位。

第一节　明确社区小助手的定位

运作社区小助手的人，因立场不同，所以在形象设计、表达方式、运作风格、操作小助手的人，身份不同，立场不一样，这就造成了不同身份的小助手形象和不同定位。

一、居民身份

居民打理的小助手，在运营过程中很容易树立形象，跟居民像朋友一样聊天。小助手是居民轮流打理的微信号，是居民自我服务的枢纽，提倡的是志愿者精神。

二、政府身份

政府人员打理的小助手，在运营中很容易被当作居委会人员对待。因此在打理的过程中，要不断弱化身份特征，强调与居民共同建设美好社区生活，带领居民实现自我服务。

三、物业身份

物业人员打理的小助手，在运营中很容易被当作物业客服，会向小助手反映维修事宜。因此在打理的过程中，要不断弱化身份特征，强调与居民共同建设美好社区，支持居民实现自我服务。

不论以什么样的身份打理小助手，都要时刻注意，要让居民主动添加。居民抱着需求、抱着对社区美好生活的向往，被小助手吸引来，与小助手的交谈是发自内心的，他们对小助手的需求是强烈的，他们需要小助手帮助他们一起共建美好。小助手是所有居住者的枢纽，是居民的好伙伴，与居民是平等的。

第二节　社区小助手与居民的破冰

不管何种身份打理社区小助手，都需要让居民们主动来添加您。

因为社区新邻里关系的建立是居住者主动参与的基础上发生的，因此小助手的推出展示应该符合当地居住者的需求，居民们看了会心里一动，主动添加，这样的居住者，是我们苦苦寻找的社区"种子"具备的第一特点：主动积极有意愿，有！意！愿！

在北京D社区我们用一张海报尝试去和居民们建立连接，海报上写上了一段话：

《那个社区有我的故事》

留下来的理由千千万

没有一个抵得上"你在这"

我不愿意离开这个社区

最重要的是这里给我的精彩纷呈

我留恋跟我有共同爱好的伙伴

留恋市集里的形形色色

留恋这个社区给我的温暖和人情味

那是生活的味道

我渴望这样的社区

让你生活的社区变成你想要的样子

你愿意跟我一起吗？

在社区没有邻里关系的时候，我们用一个大概的意向去寻找有共同愿景的邻居。很多邻居表示看不懂，但还是有邻居添加了。

只要居民有意愿，社区邻里关系建立的前提就成立了。

这张海报的文字是上面呈现的是未来的社区蓝图，图配的是街头巷尾的邻里图，指向性隐藏得很柔软，没有直接告诉你，但隐隐约约感受到了社区的价值——这个社区，我住着，有我的故事，这是我的社区，我可以去创造点什么？！这样，居民们被吸引过来，即认同此种价值观。

主动添加小助手后，海报给居民传递了小助手的形象，让居民认识了它，小助手跟居民聊天的过程中，以主动方式添加的居民，大部分都跟小助手顺利建立的初步信任关系。不同的社区需要不同的文案不同的图片，如果是上海的社区配图可以是弄堂，如果是冷漠的商品房小区可以引导敲开邻居家的门认识你的邻居，因地制宜。因为社区是极其当地的产物，自然是要视社区实际情况而制定不同的策略的。

还有一个社区的案例，以物业身份运作社区小助手，采用了被动添加方式，即并非居住者主动添加小助手。因此在居住者印象中就形成了一个指向性很明确的功能——哦，是物业让我添加的小助手，这是物业的规定动作，这就等于以后遇到维修、保修、投诉等事件就应该找小助手解决。社区小助手来和居民们聊天，居住者认为物业你来找我，而对"社区小助手"没有在心里留下痕迹，无法梳理小助手的形象。并且最麻烦的是，以物业的身份介绍小助手，将小助手放在了一个服务方的位置，地位是无法与居住者对等的。

因此，这个案例中，以被动方式添加的居民，大部分都没有给小助手回应。

被动添加的方式是不可取的。这样的情况，就需要添加两步工作：1.把小棠形象和物业做个切割；2.重新树立起社区小助手的形象。然后再进入下一步。

【破冰五步曲】

居民们主动来了，你若盛开清风来了，怎么办？

不要紧张，五步曲来了。

第一步：你好，邻居！+（一句话自我介绍和身份定位）

第二步：您住几号楼呢？

第三步：

1.您有什么兴趣爱好吗？工作之余会约朋友做什么呢？

2.您对哪些活动感兴趣会愿意参加？

第四步：您愿意发起社团吗？组织大家一起玩就可以。

第五步：小助手的朋友圈会及时更新社区最新动态，欢迎关注。（或推送其他社区信息沉淀工具，如APP、小程序等）

举个居民身份打理小助手的例子：

第一步：你好，邻居！我是某某社区小助手，是由本社区邻居们轮流打理的微信号，志愿为社区服务。我们倡导邻里互助的社区氛围，自发行动起来，希望更多邻居行动起来，社区因我们而美好。

（第一次做价值观倡导，给出社区愿景。以已经行动的小助手来倡导居民们也参与到社区建设中来）

第二步：请问您住几号楼呢？

（核实居民身份。居民们不太信任的时候不会说详细门牌号，只要楼栋号就可以）

第三步：您有什么兴趣爱好吗，工作之余会约朋友做什么呢？或您对哪些活动感兴趣会愿意参加呢？

（第一次挖掘居民需求，要把居民们的回复"关键词"做好备注，以备用）

第四步：如果有邻居能在社区里发起社团，带着大家一起玩，您就可以和邻居们一起打球了（假设前一个问题居民回复了"打球"）。您是否愿意发起一个这样的社团呢？带着邻居们一起玩！

（进一步挖掘，如果回复"愿意"，就进入下一个环节——约谈居民。如果不愿意，进入第五步）

第五步：小助手的朋友圈会及时更新邻居们以及咱们社区的各类最新信息，多多留意，感兴趣参加哦！（还可以推送其他社区信息沉淀工具，如APP、小程序等）

在使用破冰五部曲的时候，务必按照社区的实际情况完善五部曲，工具并不是一成不变的，要视实际情况而使用，灵活变通。工具只是负责社区工作，并不是权威不可更改。

第三节　居住者词典

　　社区小助手在与居民的接触和对话中，可以获取很多信息，工作团队需要在轮值小助手的时候把信息提取出来，备注清晰，这样方便我们研究居民们是怎样的一群人，对什么感兴趣，有什么需求，哪些居民可以挖掘出来成为社区种子，哪些居民可以发展为社区志愿者，哪些居民具有传播能力等。我们把这个工具称为"居住者词典"。

　　当我们一开始做社区的时候，面对形形色色成千上万的居住者是没有准备的，在没有准备好的情况下进入社区，可想而知，我们每个个体也只是肉身而已，激情澎湃进入，遍体鳞伤出来。但是我们一开始激发居民参与社区的时候，是模模糊糊认为有需要评估居住者发起社团的动机，但没有依据去执行。到发生矛盾事件的时候再去处理就很被动了。如果社区利益相关方认为这是个机会再搅和进来，更不可收拾。

　　于是根据避免和一些可能引发社区矛盾的居民发生冲突，梳理了一套标准。最主要的是，一些可以发展为社区行动者具备公共精神的居民，是有一些共同的特质的，把这些特质也需要提炼出来。而我们在社区做的事情，取决于居住者是否有意愿，意愿的体现，现在我们采用的工具是"社团"，对的，社团这个形式是工具，当然这个工具实现的不仅是让居住者主动地体现出真实的需求而已。

　　用社团承载居住者的趣源，这样我们列出来的"居住者词典"在初期阶段是以下面的表格形式呈现的。

类 别	词　典							
	籍贯	单位	出生年份	住户身份	家庭信息	在社区生活的年限	职业	性别
基本信息	白夜班	双休	居住状态	技能信息	……	……	……	……
趣源关键词	围棋	绘画	摄影	乒乓球	羽毛球	穿搭达人	跳舞	电竞
	轮滑	跑步	健身	乐器	书法	化妆达人	桌游	花艺
	游泳	读书	象棋	爬山	喵/汪星人	瑜伽	厨艺好	唱歌
	烘焙	台球	篮球	……	……	……	……	……
种子关键词	待挖掘	创始人	核心成员	开朗活泼	乐于助人	有意向创建XX社团	守信用	靠谱
自我保护关键词	引起社区矛盾	不遵守规则	维权	负能量	破坏秩序	……	……	……

我们看这张表，第一类基本信息，包括了居住者本人的籍贯、职业、性别、空闲时间等，这些对应了生活习惯、掌握的技能、不同性别关注点不同、可支配的自由时间等，也就是说我们是从实践中发生的居住者产生的对社会有价值的行为，从而提炼出关键词的。

第二类信息，趣源，这类信息很容易理解，喜欢什么，操作起来也很简单。但是对我们来说，喜欢什么，意味着有真实的需求，如果这个需求非常精准，精准是什么意思呢，举个例子，"运动"太宽泛了，"羽毛球"就是精准需求，就可以挖掘出来设计个社区内容承载需求。居民们的真实需求，意味着需要、离不开、黏性等。

第三类种子关键词，就是具备一些特质，或具备一些潜力的居住者，比如邻里典范、乐于助人、重信守诺等，意味着这些可能可以被挖掘出来的社区种子。

第四类自我保护关键词，指的是社区小助手需要学会保护自己，自己在安全的空间里，是开始社区行动的前提。如果居民们具有一些攻击性的行为，比如维权的居民，我们是不太可能挖掘出来的，因为社区维权（指轰轰烈烈的激烈对抗行为）的本质是以公共利益的名义谋取私利的行为。有这些关键词的居民，社区小助手可以拒绝交流。

我们依靠这个小工具保证在社区内实现和居民们以及其他方的安全沟通工作。

可能大家会难以想象，我们在社区做的都是为居住者谋福利的事情，而且我们有明确的介入机制和退出机制，本质上社区属于居住者们，把社区发展好了交给他们，为什么我们始终强调在社区内的安全工作很重要呢？因为我们在社区工作的这些年，就是专业填坑的好多年，社区几乎无平地，无处不坑。所以做好充分的准备，准备好了再踏进去，才能保证工作的正常进行。

在这个基础上，我们在逐步优化居住者词典，目前分为以下几类：

1.居住关键词

（1）居住结构：居住楼栋号、情侣小两口、三口之家、两代同住、单身贵族等。

确认居住者身份是一个确权的动作，所以这还是工作的第一步。

不同的居住结构，需求完全不同。三口之家比例多，意味着社区里儿童多；两代同住意味着老年人在社区是占到一定比例的；单身规则意味着青年人的需求会更旺盛些，诸如此类。

（2）居住形态：刚入住、租户、业主、已搬走、商户等。

刚入住的居民，对社区感到陌生，需要把社区是什么样的推荐给他们；租户更需要对社区有归属感，因为租户的居住权利是不受到保障的，租户比业主更容易激活，但租户的流动性让其社区行为不稳定；商户，在社区的商户，最好提供一定的社区服务功能，甚至社区的商户进入社区应该设置门槛，需要为社区做贡献才能进入；等等。

2.画像关键词

（1）基本信息：年龄、职业、受教育背景、籍贯、婚姻状态、在职状况、收入情况等。

这一类是基础信息，比如不同的年龄段居住者需求不同，受教育背景则有助于了解居住者整体上的差异。

（2）空闲时间段：每个社区的居住者空闲时间段是不一样的。

了解居住者可支配的自由时间段，有助于完善小助手选择发布朋友圈以及和居民沟通的时间。

（3）性格描述：如热情开朗、冷漠戒备、表达有逻辑、待人友善、乐于分享等。

社区新邻里关系的建立是可选择的，居住者有权力选择认识邻居，当然也可以选择不认识邻居。保有选择的自由。所以我们应该尊重居住者，并不是居住者必须参与到社区当中来。

（4）技能信息：如IT、美妆、平面设计、写作、羽毛球冠军等。

国内的社区经历从无到有的过程，这个过程是富有创造力的，创造出来的过程是什么样的呢，就是不同技能的各类不同的人居住到一个地方，相互交流，彼此学习，技能资源共享后，各自获得了成长，从而创造出来社区各类内容来。

（5）辅助信息：认识邻居的数量、社区群的群主或核心人员、社区内参与过的事件或行动等。

辅助信息一般指居住者在社区内的关系，认识的邻居数量多意味着有小范围的影响力，社区群的群主或核心人员则会有一定的号召力；等等。

3.趣源关键词

趣源是一个极好的切入点，门槛低，居住者接受度高，不存在敏感性也没有风险。趣源应对着居住者个体的真实需求，而居住者个体的需求是散状的、多元复合的、发展变化的，只有居民们真实的需求体现出来，才能准确地观察到，而居住者如果和

77

小助手之间的信任关系没有建立起来，或者小助手不具备观察能力，是抓不准真实需求的。而需求精准地承载到社团，才能更好地建立起人和人之间的连接，乃至实现社区新邻里关系的建立。

4.利益关键词

和社区利益相关方之间的关系关键词，比如拒交物业费、投诉居委会等等。主要视小助手身份而定，比如物业打理的社区小助手，居住者对物业的支持程度就是必须要设置进去的关键词了。那居委会打理的社区小助手，则需要把居民们对公共事务的支持设置成关键词。

5.社区关系关键词

人和人之间的关系产生后，就像是在社区里投入一颗石子一样泛出层层涟漪，有的邻居刚开始在社区一个人都不认识，做了一些社区工作一个月后认识了将近20位邻居，这就是社区里的关系。有一些社区内的小群体，比如在家带娃的妈妈们，每天孩子们午睡结束就会到阴凉处一起遛娃、聊天、说说心事，她们彼此之间也在形成一种"半熟"的社区关系（半熟：没有那么熟悉，但彼此之间有连接）；等等。这些关键词有益于观察社区群体的社区关系结构。

6.边界关键词

居住者们都有不同的边界，有趣源，即喜欢的事务，就会有不喜欢的内容，比如害怕狗、单身主义、拒吃榴梿、不喜运动、密集恐惧症等。

7.延展关键词

除了以上分类的各类信息关键词外，目前为止我们做了6个社区项目，体量不足以完善居住者词典。设置此项方便今后迭代。

类别	类型	词典				
居住关键词	居住结构	居住楼栋号	情侣小两口	三口之家	两代同住	单身贵族
	居住形态	刚入住	租户	业主	商户	准业主
画像关键词	基本信息	年龄	性别	受教育背景	籍贯	婚姻状况
		在职状况	收入情况	在社区生活的年限	职业	（如有娃）娃的年龄
	空闲时间段（OR 工作时间段）	天天加班	单休	双休	调休	时间自由
	性格描述	热情开朗	话少内向	慢热	待人友善	表达有逻辑
	技能信息	弹钢琴	美妆	文笔优美	羽毛球冠军	跑马拉松
	辅助信息	宝妈群发起人	二手闲置群内很活跃	有副业	家中有果园	帮邻居照顾孩子或老人
趣源关键词		篮球	烘焙	民族舞	喵/汪星人	园艺
		唱歌	厨艺好	旅行	绘画	读书
		乒乓	健身	亲子活动	养生	书法
		摄影	电影	电竞	唱歌	瑜伽

（续表）

类　别	类　型	词　典			
利益关键词	信用背书	拒交物业费	投诉	破坏秩序	重信守诺
社区关系关键词	认识邻居多	经常和邻居一起遛娃	喜欢和邻居一起运动	拥有较多社会资源愿意分享给邻居	乐于分享各类信息
边界关键词	害怕狗	单身主义	拒吃榴莲	不喜运动	密集恐惧症
延展关键词	其他				

　　上述居住者词典的关键词，帮助社区团队、社区小助手了解居民、挖掘居民，并且社区小助手是轮值打理的，借助这个工具可以实现无缝对接，换人也不影响各项事宜的进展。

　　这些词典是可以在后期交互中不断增加完善的。

　　下面我们是物业和居委会身份使用居住者字典需要特别注意的几点：

居住者词典设置的自选动作

　　（1）物业作为使用者

　　①标记好居住者在社区内的居住状态。例如：搬走的需标注"已离开"，基本不出现且房子直接给中介的标注"中介挂牌"，商户的标注类型比如"美容""健身""家政"等。

　　②住户对物业的支持程度。积极配合物业的标记"支持物业"，拒交物业费、投诉超过多少次的标记"拒绝合作"，和邻居有矛盾、不文明养犬标记"破坏秩序"。

　　③住户的需求。需求需要根据物业的能力进行分类，趣源是一类需求，需要提供哪些服务（需要住户的职业、年龄、收入标签）是一类需求，如保洁、维修、搬家、育儿嫂等。

　　（2）居委会作为使用者

　　标记好居住者在社区内的居住状态。例如：搬走的需标注"已离开"，基本不出现且房子直接给中介的标注"中介挂牌"，商户的标注类型比如"美容""健身""家政"等。

住户对居委会的支持程度。积极配合参与社区活动的标记"支持居委会",和邻居有矛盾、不文明养犬标记"破坏秩序"。

孤寡老人、残疾人标记"扶弱"。

标记好"党员""宗教分子""困难户""失业人员"。

标记好"两劳"释放人员及依法被剥夺政治权利、管制、缓刑、假释、保外就医人员以利于帮教。

住户的需求。需求需要根据物业的能力进行分类,趣源是一类需求,需要提供哪些服务(需要住户的职业、年龄、收入标签)是一类需求,如保洁、维修、搬家等。

每个社区都是独一无二的,虽然我们设计了一些小工具,但针对不同社区的实际情况应该灵活使用工具甚至产生变式,因地制宜、因材施教。

第四节　和居住者的真实接触

组建团队,建立工作原则和机制,建立社区小助手,制作适合本社区的居住者词典,这些是准备工作而已。准备好了,就可以开始工作啦!

一、一对一约谈居住者

物色到不错的居民,就可以开始约到一起愉快地聊天啦!这时候一对一约谈居住者,一方面正式进入实战阶段,另一方面我们需要去深度了解我们的居住者，才知道该怎么跟着居民们的步子，亦步亦趋。

（一）约谈目的

1.自我介绍，树立社区小助手形象，初步建立与居住者的信任关系；

2.介绍社区的愿景即未来蓝图；

3.交流中完善居住者词典；

4.鼓励居住者参与社区；

5.如合适，挖掘为社区种子，可鼓励其发起社团。

（二）如何与居民约见

当居住者主动添加社区小助手为好友的时候，社区小助手可运作破冰五部曲的第四步：在接待住户的时候，如果有邻居能在社区里发起社团，带着大家一起玩，您就可以和邻居们一起打球了（假设前一个问题居民回复了打球）。您是否愿意发起这样的社团呢？带着邻居们一起玩！

当居住者回复愿意时，社区小助手可以跟对方约见，约见的地点选择在社区公共区域比较合适，也可以约在社区周边的咖啡馆书吧等。约见的沟通，时间、地点一定要具体，不能模棱两可。可以问居住者：上午/下午/晚上××点有空吗？我们可以约一下认识一下！

（三）交谈内容

了解对方的各类信息，可参考居住者词典：

居民约谈记录表

姓 名		年 龄		职 业	
籍 贯		婚育情况		在社区内 认识多少人	
兴趣爱好				闲暇时间	
成长经历				对社区 未来的期待	
职业状况				职业性质	
成长经历					
家庭成员情况					
曾经社团的经验					
精细化需求					
其他关键词					

（四）约谈准备

1.从已有的渠道收集居住者的信息，尤其要注重其信用背书。

2.约谈目的明确——引导居民们发起社团/组织活动/参与社区/支持社区。

3.确权：居住者需自行承担自己在社区产生行为/活动/交流等的责任，如产生费用需使用者付费。

4.明确我们在寻找什么样的居民：（1）主动积极有意愿；（2）明事理，讲道理；（3）人品佳，做事有责任心；

（4）年龄多元，中青年为主；（5）要有正当工作，具备社会价值，职业最好不重复；（6）有创意，能出点子；（7）文字梳理能力和逻辑性都好；（8）具有公共精神。

（五）约谈步骤

1.亲切地自我介绍，线下真实的见面更容易建立彼此之间的信任关系，而且居民愿意出来沟通，表现出强烈的参与意愿，我们要珍惜这样的居住者。

2.一开始就需要营造轻松愉快的聊天氛围，让居住者感到虽然是第一次见面，但很熟悉，跟老朋友一样。

3.描绘和探讨社区未来的美好蓝图，给予居住者共建的身份，以及营造对社区的认同感归属感。

4.按照居住者感兴趣的点延展话题，鼓励居住者更多地倾诉和表达，阐述关于自己更多的经历和想法。

5.在居住者对自我的表达中引导阐述在社区想成立一个什么样的社团？有什么想法？

6.确立社区小助手的支持者、陪伴者定位，居民们想在社区里发起社团、组织活动、邻里互助起来，强调只有居住者可以做到。

7.了解对方的空闲时间，以便促成社团的首次活动。

8.阐述社团的规则：有辨识度的名字、有规则的社团形式、使用工具沉淀信息、社群管理、社团宣传、资料存档归档等等。

二、群体观察

当通过一对一约谈居民，挖掘个别社区种子，成立社团，在社区里组织活动，开始活跃社区、激发社区活力的时候，就有机会做群体性的观察了。我们用发现社区资源的一些形式来完成群体观察，例如绘制社区地图、社区导览、邻里聚会、社区活动等。因为大家对于自己所居住的地方其实未必是了解的，但是身在其中又是息息相关的，找到合适的契机可以大家聚集起来，形式应视社区实际情况而定。

针对不同类型的社区群体观察的目的略有差别，但我们主要是为了和居住者建立初步的信任关系，带着居住者熟悉居住的环境、了解社区各类信息、引导参与社区公共活动，从而对社区产生归属感、认同感和自豪感。

（一）分类

1.长期稳定居住型社区

长期稳定居住一般指业主自住为主的社区，但不仅限于业主，长期稳定居住的租户也在这个范围内。

虽然居民们居住在社区里，可未必认识邻居，也未必了解社区，住了五六年对门住的是谁可能都不认识，因此重新发现社区可以激发这类型居住者的社区荣誉感，增进社区了解，促进邻里建立社区关系。

针对挖掘出来的社区种子，组织若干次就够了，因为稳定的居住者会成为社区价值观的倡导者、社区内容的创作者，同时也是社区信息的主动传播者。尤其稳定居住者的点状传播，看起来是社区内很小的行为，但点对点，点到面，扩展到社区，社区内的信息对等很快就会实现。

2.不稳定流动型社区

不稳定流动型社区一般指以租户为主，非业主自住且流动性较大的社区。因为居住者来来去去，针对这样的现状，每一批新的入住者来到，就需要举办一次这样类型的活动。这样可以让新来到社区的居民感受到社区是有温度的，是关心居住者的，可以帮助居民们很好地融入社区。

新来到一个社区的居民，是怀抱着憧憬来到一个新地方的，对这个地方是陌生的，而用这类形式可以释放出社区的善意，给予新入住者基础的安全感。

3.两者皆有

即复合居住型，既有长期稳定居住的群体（大于等于社区常住人口总数的20%），又有不稳定流动型的群体（大于等于社区常住人口总数的20%）。

（二）形式

1.社区地图或社区导览

（1）社区资源梳理，包括但不限于社区历史、社区有意义的建筑（或空间）、有社区声望的居住者、曾经发生的社区大事（含社区矛盾）、居民们经常聚集的空间等。

（2）制定方案和进度表

社区里的内容是可以尽情想象的，因此可以根据社区市集情况制定方案。

在马坪关项目上，采用的是面向全国征集社区地图设计者，村民家提供食宿交换制作社区地图的技能，村民和外来志愿者协同完成了马坪关社区地图的制作。

在太湖国际社区，则是分成了若干个活动进行，包括了孩子们画社区、社区微旅行、制作社区地图等。

（3）确定工作团队，包括导览员、观察员、摄影等。导览员负责解说和主持，观察员负责观察记录，摄影负责拍摄留影等。可以根据实际情况调整。

（4）复盘

复盘流程，优化环节设计。

2.邻里聚会

（1）组织聚餐、观影、阅读、手作等社区聚会

（2）参考步骤（可自由更换顺序或简化或增加环节）：

①破冰，自我介绍；

②在过程中适时讲述各类社区故事；

③引导居民描述自己对社区未来的期待；

④推荐关注社区公众号或APP等社区信息平台；

⑤适时邀请来社区组织活动或发起社团。

（三）案例

这张社区地图就是邀请一位小伙伴来带着社区居民们共同制作出来的，这是一个以自住业主居多的问鼎型社区，我们在制作社区地图方案时做成了系列的活动形式。

首先请社区里的孩子们来画一画社区，当然是引导居民们自发组织做了一个绘画活动。然后是邀请了一位建筑师来到社区，带着大家在社区内导览，介绍本社区在建筑空间规划上是怎么回事儿。在居民们对社区的空间、来历、现有什么资源等有了一定程度的了解和讨论之后，社区地图应运而生。

TIC微旅行，了解社区规划，发现社区之美。感谢无锡民用建筑设计院的大力支持，烈日炎炎，敬业如旧。点赞！

我们可以从地图中看到这是一个由7个组团组成的社区：十一峰、聆湖、星辉塞纳、御景、香缇美郡、花语莱茵、珀丽南岸、凯旋门，以及附近的配套设施。这是个很美丽的社区，后来我们把这张社区地图做成了社区刊物的封面和封底。居民们发现，原来社区里面是有很多丰富的内容的，有多少个广场，有多少走廊，有多少小亭子，每个组团分布都不一样。了解社区就是知道社区里有什么，居民可以做什么，居民又会想做什么，只有居民真正了解自己所居住的社区，认识了居住在这个社区里的有趣的邻居们，才会融入社区，对社区产生归属感。

第五节　社区小助手也是一道障碍

虽然社区小助手已经是我们使用的一套工具体系，用来逐步和居住者建立信任关系，但人和人之间的交流其实越直接越快，所以社区小助手实际上也会成为一道屏障，也就是说会降低速度。

一、初期阶段

社区小助手初期阶段是一个努力向居住者们、社区利益相关方传递社区价值观的社区人工AI，通过展示社区生活的内涵、邻里关系的美好来营造良好的社区氛围。

因为虽然大家都生活在社区里，在建筑的空间内居住，但人和人之间是没有任何关系的，这样的社区我们看作是不真实的社区。一个社区从不真实到真实，真实的社区，邻里之间是有相互支持又保有个体边界的关系的，这是个从无到有的创造过程。既然是从没有到创造出来，就需要意识层面的改变到行为模式发生改变。

即使我们在社区里一开始呈现美好社区蓝图的时候，大部分人其实是不相信的，毕竟这并不是一个真实可见的物品，所以社区小助手从无到有一点点地树立形象的过程，就是社区蓝图从不可见到成为可见的过程。社区小助手的职责就是要完整呈现出这个过程，从无到有创造出来的过程让居住者们深度参与、真实见到。社区小助手可以呈现的方式就是一个微信号，经营好朋友圈，以及和居民们在微信上的交流，为邻里关系的建立搭建起桥梁。当然我们可以期待未来每个社区都会出现一个帮助建立社区新邻里关系的AI。

二、发展阶段

当居住者们相互结识开始交流，一旦居住者们开始产生正向的交互，即非基于社区矛盾、邻里冲突、利益纠纷、维权等对抗性的交互，社区丰富的可能性就开始出现了。这个时期社区小助手的功能开始发生变化，因为实际的内容诞生了：邻里聚会、社区音乐会、社区市集、足球俱乐部年会、社区羽毛球赛事等，包括大量的邻里互助的行为：帮忙照看邻居的孩子、借邻居物品、分享便民信息、帮邻居取快递、煮了饺子分给邻居等，社区小助手需要把社区里生长出来的珍贵的内容分享出去，让邻居们可以看到，这是榜样的作用。

因为社区种子一颗颗出现，邻里群体之间的交互产生，需要给予"正"反馈，鼓励邻里互助行为的发生。这个阶段对社区小助手的要求开始提高，不仅是运营朋友圈，还需要去社区里去居住者中收集各类素材和信息，展示出来传播出去，让更多人看到，融入进来，逐渐营造一个真实的美好社区的氛围。

三、告退阶段

社区小助手是有阶段性的使命或可以由其他工具替代的。

社区小助手只是一个协助社区工作团队接触居住者、和居住者建立信任关系的工具，在居民们相互之间建立起连接熟悉起来的时候，社区小助手的存在会变成一道障碍。因为人和人之间直接传播信息是最快的，需要社区小助手再传一道，传播的质量和效率都会下降。当社区邻里关系建立起来之后，社区小助手的使命就可以告一段落，作为社区宣传的一条信息渠道继续经营即可。

其他工具的可能性，就是创造一套比社区小助手更智能的线上工具实现社区小助手不同阶段的功能，并且去除社区小助手这道屏障直接到达居住者（乃至扩展到各类利益相关方和有意愿的参与者，因为社区具有延展性，非社区居住者也会有意愿参与进来，而社区的包容性会体现在——若你能遵守规则，我们敞开怀抱拥抱）实现居住者之间更顺畅的交流。但是我们可能会比较强调社区的秩序性，因为社区良好的氛围形成极其不易，衰退、破坏却很容易，而社区的秩序是协助社区可以持续运作的基石，没有这个基石，投机者、图利者、钻空子者、破坏规则者众，劣币驱逐良币，就会伤害到社区种子，真正为社区作为的人就会心灰意冷不愿意再站出来，"小人"因而得志，社区没落就不远了。

第五章 挖掘并保护社区种子

合适的人客观存在于社区中，居住者又有天然的权力改变自己居住的社区，因此，基于我们的实践和模式的梳理，确定了以培养居住者为在地团队的工作人员，以此为抓手切入社区进行一系列的社区激活。社区激活本质上是激活人的主观能动性，驱动居住者对自身社区的责任意识内生出力量，即自驱力，自动自发自觉自愿地在社区内行动起来。

也就是说，我们建立社区新邻里关系，在社区内具备信息环境之后，就是围绕着人来开展工作的。这和大部分以空间为载体来介入社区是不同的。围绕着人来做社区，着力于人和人之间在社区内关系的建立，怎么从陌生人走向半熟，可选择地走向全熟，就是两者之间保有边界的社区新邻里关系。

而之所以保护社区种子，是因为每个居住者个体都是很弱小的，即使社区种子有较强的公共参与精神，如果遭受到误解是很容易往后退的。此为劣币驱逐良币。

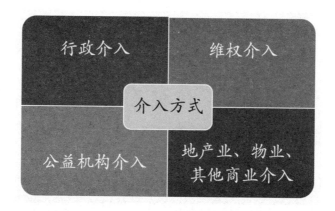

不同的介入方式意味着有不同的优势，合作方就是最先可调动的在地社区资源，目前国内的社区介入有这几种方式：行政介入，即政府力量的社区介入，一般居委会的名义在社区中是较为有公信力的；维权介入，以业委会为代表的一种方式，代表全体业主的权益，有着合理的身份；公益机构介入一般政府购买服务，以第三方无害角度介入，当然这也意味着有没有都可以的状态；其他的地产、物业、商业等的介入有很多，尝试更大胆，形式也更丰富，总体上跳脱不开社区的空间，一旦空间成为绝对的存在，人就是可替代的、流动的、次要的了。对于社区空间的理解我们择章另谈。回到人的工作上，既然前面我们解决了如何在各个城市、各个不同类型的社区成立在地工作团队的问题，即不管何种社区，只要找到合适的居住者，建立工作机制，就能齐心协力推动社区发展。

那么，仅靠一个工作团队怎么盘活社区呢？工作团队主要的工作，就是挖掘到更多的社区种子。适合从事社区工作的人，以及从社区中挖掘的社区种子，都不是靠培养出来的，而是客观存在去找出来的。

第一节　怎么挖掘到社区种子

社区种子的标准有八条：

（一）主动积极有意愿。

（二）明事理，讲道理。

（三）人品佳，做事有责任心。

（四）年龄多元，中青年为主。

（五）具备社会价值，职业最好不重复。

（六）有创意，能出点子。

（七）文字梳理能力和逻辑性都好。

（八）具有公共精神。

第一条是充要条件，因为社区新邻里关系的建立基础就是居住者的主动参与，如果居住者不主动，或者社区利益相关方或对社区并没有采取主动，那我们的策略是——你不动，那我也不动。人的意愿体现出来，我们才能激活其自驱力，实现可持续的行动。这个没有，那什么都不会发生。而且我们一再强调被动地接受是会剥夺居住者的主动权的，而且会形成依赖。那么，如果我们只是培养一个孩子，而不是要把其一生的命运捆绑到我们身上，不如早一点把一切权力交给孩子。

第二条是第二个条件，简单来说，就是能够理解社区里各个不同的利益相关方，换位思考，能够与邻居为善，明理讲道理。如果和邻里之间纷争多、和各个利益相关方存在矛盾，就不适合挖掘出来。

第三条是对个人的要求，虽然很困难，但可看得见的是做事是否有责任感，是否踏踏实实靠谱地完成，值得信赖。

第四条是我们多个社区实践出来的在社区内承担大部分事务的是中青年群体，因此定了此条标准。中青年群体在社区中是隐形的一群人，和青少年一样，但前者是现在社会的中流砥柱，后者是未来社会的中流砥柱。让这两类群体回归社区也是我们很期待发生的社区变化。

第五条则明显带有我们之前工作的痕迹，原则上我们认为职业越多元，团队之间的互补性越强，产生的可能性也越丰富。

第六条表示社区既然是从无到有创造出来的，自然需要一些创新精神。我们对社区的想象是极其匮乏的，尤其是没有过过"有社区"是一种什么样的生活，很难想象你和邻居之间会形成良好的互助合作关系，能共同创造诸多有趣的社区行动来。

第七条说明如果具有这个能力，就可以考虑造福其他社区了。因为一般居住者为自个儿居住的环境改善愿意付出所有，但对与自己无关的社区是没有什么参与的兴趣的。实际上，一个社区培养出来的社区种子，要是可以落地到其他社区，便可以大大节约培育社区人才的成本。

第八条这条放在最后是因为不强求，有没有都可以，因为本来邻里关系就是可选择的，你可以选择参与社区，也可以选择不参与社区，你可以选择认识邻居，也可以选择不认识邻居。所以，你可以为社区做一些什么，你也可以不做。当然前者更佳。意思是社区应该是开放的，不加任何价值观，所以不需要用道德去"绑架"居住者。

以上的标准，可以按照社区的基础条件逐条选择，重要的顺序可以递减。大家会觉得这个标准太苛刻，要符合这个标准的人得有多优秀，目前我们的实践是每个社区都会存在社区种子，只是需要我们找到合适的方式挖掘出来，并陪伴他们成长一段时光。

（一）在所有和居住者产生交互的界面中物色到合适的

在社交领域内，越直接地接触越能产生关系。人和人之间的关系不局限于传统的正式关系，如友人、爱人、家人、同事、亲戚等，凡是能和人接触的界面都会产生正式或非正式关系。

能和居住者产生交互的界面是很丰富的，岗亭的保安、保洁阿姨、绿地维护工人、巡逻值班的物业、上门维修的师傅、外卖小哥、客服、居委会、业委会、社区底商（送水服务、快递服务、房产中介等等）、销售员、社区里认识邻居多的居住者等等，凡是居住者必然需要接触到的都是交互界面，从这些界面里面就可以获得合适的社区种子信息。

莫小看毫不起眼的保洁，她可能是最了解哪家居民最有公共精神，从不在走廊里放垃圾；哪家居民是很友善的，总是和丈夫两个人出门很和善地和她打招呼。其他亦是。

我们对一些职业会产生标签，比如房产销售，会做一些过度承诺，只要把房子卖出去即可。我们在实践中发现销售会和居住者建立初步的信任关系，信任关系的建立是需要对其有一定程度了解的基础之上的，因此销售其实是做居住者工作的一个窗口，可以从销售处很快收集到社区种子的信息。即使只要销售做一些传播，吸引居住者主动来就已经足够可以打开了解居民们的口子了。

而在社区内稳定的物业小伙伴，更是对社区里住了哪些老人家，哪家的孩子几岁了，哪家发生了点什么事儿等如指掌，物业是一个不可或缺的社区好助手。

介入一个社区，应该全面了解能和居民们产生直接交互的界面，线下真实的面对面的交互，都在哪些环节，可以通过这些环节执行人员的帮助，收集到社区种子。

（二）主动来的居住者中有没有符合条件的

通过社区动员技术我们逐步吸引到居民们来到社区里，发生交互、产生活动、改变行为模式等。只要人们一旦开始表达或行动，就是我们分析的大好时机，需要去评估是否具备社区种子特质。比如表达方式是否具有逻辑性，表达很清晰。有的人只是喜欢谈天论地而已，并没有明晰的逻辑，但有清晰逻辑的居住者是不可放过的社区种子，需要使出浑身解数打动他们关注社区，愿意到社区里来干点啥。

当然没有意愿就不需要。

有意愿是前提。意愿是隐含在表达之中的，比如居民们主动的一个动作，都没有宣传就在我们的工具上（比如APP或小程序等）注册了个社团，没有做任何激发，也没有做引导和挖掘，这是一个完全自驱力的行为，这样的珍宝就需要好好呵护了。当居民们做出行动的时候就是明确的需求表达，而这种表达一旦开始，是不可逆的，因为需求需要回应，需要承载。但是，需要是会改变的，而不是一成不变的，做人的工作就是在做一个发展性工作，我们面对的居住者们，是时刻可变的，社区内的各类元素、各类环境也在时时刻刻发生着变化，怎么去这些可变之中找到共同的规律，可能是我们工作的难点。

（三）信用背书良好者的引导

每个社区最先挖掘出来的社区种子是具有榜样作用的，这也是我们经历了第一个社区之后就不太敢铆足劲激活社区活力的原因。因为社区的激活是社区整体性的激活，各个居住者和社区利益相关方都会被激活。社区介入是一个动静很大、指向性很明确的动作，我们不知道会给社区带来什么改变，有的改变可能是好的，有的改变可能是不好的，我们并不清楚，我们也不应该对自己的介入太有自信。

所以，信用良好者的引导就很重要。这样可以帮助我们更好地识别哪些社区种子值得第一批挖掘出来，可以作为榜样引领后面的社区种子逐步出现。比如我们在郑州的社区，就是通过信用良好者的推荐结识靠谱邻居的。在T社区也一样，最先出现的逻辑正确的羽毛球社团"群主"，就是一位信用良好的友人推荐的。这个方式是最佳的挖掘社区种子的方式，因为信用良好者没有任何利益诉求，对社区种子知之甚深，降低了我们接触沟通的成本，还获取了真实的判断。

（四）付出成本的社区行动者

如果在社区中有居民们响应并开始行动起来，也就是说他们理解了社区邻里关系建立的价值导向。比如在北京D社区中一次敲开邻居门讨糖的行动，我们会征集一些愿意提供糖果的家庭制作成讨糖地图，然后孩子们就拿着糖果地图按图索骥。当时我们到了这么一户人家，一进楼栋就有指示小海报，孩子们一路跟着指示来到家门口，把整扇门做了装饰，一打开门，主人家把整个房间都做了装饰。

主人把自己用层层餐巾纸装裹装扮成了"僵尸"，和孩子们融为一体热情招待了讨糖的孩子们。在右手边上方的架子上，主人用蛋壳作画配合讨糖的主题摆了一排，可见非常用心。而且大家对这家人并不熟悉，也就是说，这家人是完全自我驱动精心准备了一切。

这家人的行动，已然成了在为社区邻里关系建立有了自己理解并且付出行动的社区行动者了，这样的社区种子，必然具备我们以上列出来的特质。

我们要格外珍惜社区的每一个细微的生长点，就像是孩子在成长一样，你不知道什么时候孩子就在哪个点上生长了，所以需要有敏锐地捕捉生长点的能力。我常常把社区比喻成孩子，因为社区确实就跟不同的孩子似的，每个社区都有自己的秉性、特点、优点、背景，当然也有缺点、问题、矛盾等，专业的力量在于知道什么时候去做什么事儿，社区什么时候应该推一把；居民们在表达、行动的时候哪些是关键信息，哪些是有用信息，哪些是可能产生问题的信息，需要及时去捕捉并加以引导。

虽然这么做其实对从事这项工作的人员要求很高，但如果你都没有实践，也没有踏踏实实做过，就下定论说对人要求太高不可复制就有问题了。我们的行动逻辑是，首先行动，然后是反复论证，接着提炼方法论，继续夯实，到实践中去论证，最后出一套效率工具，以及针对不同社区可以提供不同模块组成的一套工具，这套工具里面当然包括如何降低人的要求，达到不打折的效果。

第二节　保护社区种子的方式

一、社区团队以及社区小助手持续的信用

社区种子虽然可以通过各种渠道找到，但是社区种子们都是凡人肉身，如果让其贸然没有任何保护地放置到社区中去，是很不负责任的。因为我们已经知道社区是块极其复杂之

地，就不应该毫无准备地把居住者推出去，而应该前置性地把问题都解决，才能让社区种子可以安心地心无旁骛地去社区里施展才华。

那我们可以保护社区种子的首先是社区团队。即已经成立的社区工作团队是社区种子们坚实的后盾，需要全力以赴地力挺社区种子，让社区种子感受到自己并不是孤单一人。社区小助手作为社区团队主要使用的工具，社区小助手需要持续地面对居民们以及利益相关方为社区种子做信用背书，协助社区种子和其他各方逐步建立信任关系，梳理社区种子的社区声望。

我们在郑州紫荆华庭社区，一开始挖掘出来一颗很不错的社区种子，IT行业的小伙伴。热心到什么程度呢，如果谁家电脑出了问题，只要他在家里，就愿意立马上门提供免费服务，帮助邻居，举手之劳。后来遇到个什么事儿呢，这社区一直在维权，他不过是站出来说了几句公道话，没有任何偏袒的意思，就被怼到退出之后再没出现过。这种舆论的伤害杀伤力是很大的，因为社区并没有提供安全的环境，社区种子是鼓足了勇气站出来的，这样的行为不存在利益驱动或其他驱动力，完全是阐述了事实本身，却受到大面积围攻，劣币驱逐良币，出于自我保护，社区种子自然要退回去保护好自己以及自己的家人、孩子。

前面我也谈到了，社区小助手虽然是保护社区工作团队的一道工具，我们也使用得较为成熟了，但是实际上社区小助手还是一道屏障。但从这件事儿开始，至少在我们的项目上，必须使用社区小助手以及必须保护好社区种子，已纳入了我们的工作范围。凡事有利有弊，所以并不能看具体的形式，而要认知到形式背后的逻辑是什么。

二、社区宣传

社区内的信息是很不对称的，因为人和人之间没有形成良好的邻里关系，那获取信息的渠道很难建立，信息传播的效率也会大幅度下降。也就是说一个已经建立起信任关系的社区内，是可以实现信息对称的，更可以实现社区信息的快速传播的。流动型的社区则需要依赖某一个稳定长期驻扎在社区的利益相关方才可实现。

社区种子挖掘到后，我们并不鼓励其以个体的形式呈现在社区内，而会鼓励用社团的形式去呈现，这样居住者们看到的宣传内容是一个具体的社区项目，而不是某个具体的人，降低针对个人产生的评判和带来的风险。

三、志同道合的邻居们的协同

我们在北京D社区项目上迭代了一个联合创始人制度，即一个社团可以由几个人共同发起，如果离开了这个社区，可以物色其他联合创始人。一方面是应对流动型社区的试行策略，另一方面是有更多志同道合的邻居的协同，可以有更多人来保护社区种子。

没有人可以强大到没有利益驱动靠自觉驱动就去做短期内看不到任何成效的事情，尤其在生存压力巨大的一线城市，建立在信任基础上的彼此相互的支撑才是支持社区种子持续行动下去的动力源泉。

而志同道合的邻居们其实是很困难的，在长期接受英雄教育以及成龙成凤观念的社会环境下，我们都不具备协同精神和协同能力，基本上在社区内要成为既得利益者，领悟到社区协同的益处比原来的方式（对抗、争夺、抢占等）更好，才会发生改变愿意主动协同。社区工作团队、社区小助手、社区各个利益相关方、社区各个直接接触到居住者的界面等，都可以为志同道合的邻居们相互结识并做信用背书、搭建桥梁，因为居住者实际上在社区内认识的人是很少的，如果我们能通过各种方式为社区种子物色到潜在协同者，是保护社区种子的重要方式之一。

四、建立规则的重要性

（一）降低沟通成本

社区种子会不习惯制定规则，认为社区内大家都是邻居，没有必要。在郑州紫荆华庭社区项目上，跑团的规则就是前置后撤销，后置再添加上的。初期成立在我们的引导下是建立了规则的，发起人觉得没有必要就扔掉了，直到社团乱套了才出了一条规则，即凡是没有参与过线下跑步活动的全部踢出去，掀起了轩然大波。社区是不可以做任何拒绝的动作的，这是很危险的，预防危机是必须前置的，发生问题之后再建立规则就面临着谁来制定规则、你制定的规则就是、为什么是你制定规则、谁有权力决定规则等一系列直击灵魂的拷问。其次，就有邻居要个说法，因为自身原因暂时不能参加跑步活动，但是她老公每次都去跑步啊，还拉了好多邻居进来，凭什么踢走她？

建立规则，并不是用来限制的，而是建立一套秩序，这套秩序需要适合社区实际情况，是用来吸引志同道合能够共建共同努力的邻居们的，用规则逐步形成共识降低沟通成本。比如跑团每次行动是周五晚上8点，每次会定一个暗号，比如"节约用水利国利家"，对的是"南水北调源起南阳"，暗号都是居民们自己取的。这样大家会形成共识，而不是每一个人去解释一下为什么要这么做。

（二）降低行动成本

我们和各个合作方合作的过程中发现其实工作效率还是蛮难提升的，因为固有的结构固有的流程是不可打破的，沟通成本又很高所以很难去改善。那对于社区就需要减去这一块的内耗，行动成本的降低，即大家的目标一致，一起协同共同协作，效率是很高的。

比如开发商要举办一次社区赛事，目标是不一样的，想联动几个自己的社区一起搞，这样就要好多钱，哪个部门出预算，一周工作确定下来；出方案，层层审批，若干周工作；批下来了，这才开始启动。

居民们举办一次社区赛事，大家坐在一起商量，都有哪些活儿，各自领活儿，各自执行，再合在一起，时间精力都使用碎片化的空档，完成了一场不需要谁来花钱、居民们自发解决了所有问题并且自行执行的社区赛事。大家认同的规则不是烦冗的流程，而是自觉自愿参与去实现共同的目标，在这样的情况下，行动的效率是很高的。

（三）建立社区秩序

在无序的状态下，规则作为一个工具去引导居民们思想上对规则的重视，并不是约束居住者，而是为了让这个外显的规则能够真正内化为人们内心的秩序，并且会自觉地去维护之。所以规则是一个辅助的工具。

（四）降低维护成本

如果每位居民都需要去一对一维系，显然支付不了这个成本。规则的存在是开放的，只要加入群体内就表示认同，因此群体行为用规则来维系即可。前提是规则是实际可操作的。如果只是约定了形式而没有切实落地，那就等同没有规则。

（五）规则设置了门槛也提高了参与的门槛

理想的状况是居民们共同遵守形成共识，但不遵守的居民会影响规则的实效性，尤其在流动性大的社区，遵守公共秩序是需要支付成本的。对自身已有规则的妥协，稳定居住者可以有长期受环境熏陶其改变的等待时间。流动性人口需要支付更高的成本，尤其是培育成本，这就需要有一支稳定的专业力量持续推进。

第三节　社区种子的发展路径

一、社区在地工作团队

一般在地工作团队大概7到8人，如果还需要人手，可以考虑纳入团队中。

二、社团趣源

发起社团，组织丰富多彩的社区活动。社团作为居住者自发的一方小天地，具有转化成其他形式的可能性，取决于社区对其的欢迎程度。

三、联合创始人

协助其他社区种子共同发展社团。

四、其他社区的社区种子

在其他社区落地生根。

我们会始终强调社区种子并不是个人能力很强的人。社区的逻辑是弱者互助、强者帮扶弱者，强者弱者的相互协同。或许正因为社区种子是弱者，才能得到各类人的帮助形成协同。我们来看下面这个例子。

案例：一篇来自居民的文章

算算来无锡有两年了，在五月份之前我对无锡的认识只有大剧院、万象城与火车站。

我平时很少出门，球球爸推荐我加入社区俱乐部，然后机缘巧合认识了边边本书作者。边边是一个跟她相处很舒服的人，因为爱好烘焙后来被边边鼓励创建了烘焙俱乐部，现在都记得创建俱乐部的那天晚上，好兴奋啊！

那时的心情就像是发现新大陆一样。直到现在都特别感谢边边，因为有边边给了我自信，才有了后面一系列的故事，认识了很多志同道合的人。

在刚开始组建群的时候对社区俱乐部毫无头绪，甚至不知道怎么样开始。

这个时候认识了张姐，张姐是一个性格很好、手艺也很好的人，所以很多时候遇到问题我都会很喜欢问她，记得我们开场的第一句话就是她叫我师傅，真难为情啊！

因为张姐的鼓励并提供场地开办了烘焙群的第一次活动，在高庄主的帮助下写了第一个报名贴。因为第一次活动知道了邻居间可以相处得如此愉快，那时心情是紧张、兴奋，而且特别幸福。

特别感谢张姐第一次提供的场地，生活当中只要我们肯付出，慢慢地会发现其实收获的远比付出的多。

当你愿意付出去跟别人分享你喜欢的东西的时候，很多有共同爱好的人也会原意给你提供帮助，这是我最大的体会。

苏晓云是一个热爱生活也愿意跟有共同爱好的人一起分享生活、分享爱好的一个人。

因为烘焙对场地要求比较高，认识苏姐后解决了最大的场地问题，也得到了苏姐无条件地支持跟鼓励，虽然每次都有点不好意思开口，但是每一次活动结束后都有点意犹未尽的感觉，可以跟共同爱好的人一起等待美味的同时一群人瞎聊各种话题，特别喜欢这种氛围。

本来烘焙只是自己的爱好，却因为这个爱好感染结识了很多人，这是不是一件很幸福的事呢？带球球从上海回来迎来了欢乐市集，作为烘焙群的群主不报名貌似有点不像话，于是厚着脸皮就报名了。

然后就是各种的毫无头绪啊！

　　不知道要怎么操作，加上生完娃后脑子不好使，记忆力下降成转眼的事情都能忘记，真的是无从下手啊！

　　这时遇到了陆静，生活本来就是如此吗？一切都是注定好的，因为陆静的加入，后面有了大大的突破，各种出主意跟帮忙啊！

　　后面有了现场制作烘焙的节目，有了招募帮手的计划，然后又认识了现在都还不知道名字的白玫瑰，所以说我是不是有点"脑残"呢，还有我们邻居热心阿姨的帮忙。

　　有时候我发现我比较招阿姨们喜欢，然后婆婆就会说因为我比较善良啊！

　　人都是如此的吧！因为在一起干着同样喜欢的事情，所以感情也会越来越好。

　　团队的力量是惊人的，市集活动有了陆静、白玫瑰、张姐跟邻居的两个阿姨的帮忙完美落幕，最大的收获仍然是认识了新的伙伴陆静与白玫瑰。

　　当你对别人好的时候，大部分人都会对你更好，这句话是有道理的。

　　因为晚上才有时间工作，所以一般都会很晚睡觉。

　　有天晚上10点了，隔壁一栋楼的张阿姨在家做豆沙酥，然后做好了硬要给我送过来，说是第二天就不好吃了，又说怕我晚上工作会饿，当时那个感动啊！

　　半夜还有人跟你分享烘焙的成品，这种心情你能体会吗？

　　球球爸还惊讶地说为什么别人对你那么好啊？！瞬间好

自豪啊！

因为共同爱好认识了你们，傻傻的我被你们当作妹妹、朋友、孩子，认识你们是来无锡最大的收获，善良的人运气都不会差，因为接受太多的善意，所以我愿意一直做一个傻傻的善良的人。

谢谢你们出现在我的生命里。

第六章　社区动员术

社区动员的本质是激活个体的自驱力，个体之间相互协同在社区内产生社区行动。社区内居民们行动起来是靠自我驱动的，不是其他外部力量的驱动也不是利益驱动。但是不是所有的社区都适合进入这个部分的工作，社区工作很困难的地方也在于这里——社区什么情况下适合做什么事儿，社区分寸的把握，社区生长点的把握，需要积累丰富的社区工作经验＋人生阅历。

比如我们在郑州Z社区项目上，前期社区一直在维权，只能在小范围内做一个社区激活，然后在这个基础上循序渐进地试探，安全了，再往前进一点点，又安全了，又再往前进一点点。前进得非常缓慢，大概到项目进展半年以后，才开始组织社区市集，社区市集是激活社区大量人参与的一个工具。当时我们遇到很多困难，风雨飘摇中颠簸前行，比如社区信息沉淀工具用的是微信公众号，当时想注册微信公众号的时候发现社区的名字早就被注册了。郑州的这个社区是一个生存能力极其旺盛的社区，任何生存空间都会被挖掘出来，才刚交付就用公司名称把社区名给注册了，才刚装修社区里一楼私自住改商，到哪一步就卖哪一步的物品，才刚入住各类私自住改商的理发店、婴儿游泳馆、服装店就开起来了。这样就想还是需要个具有公信力的公众号，那就需要个公司资质，物业的公司资质比较合适，就和物业公司商量用了物业的资质注册了一个公众号。一开始小心翼翼推的时候动静比较小，后来关注的人越来越多就会有质疑。维权期间居民和物业之间是一个对立关系，引发了居民们的一些负面情绪，对工作团队造成了较大的困扰。直到第一次举办社区市集的时候，有一批邻居表现得非常抵触，大概意思是——社区都这样了，你们还办活动？还去售楼处办市集？你们和开发商是一伙的！（郑州的冬天太冷了，售楼处室内的空间比较大，可以放得下50个市集摊位，因此放在售楼处）

大家忧心忡忡，就怕市集哪天有来售楼处维权砸场子的。团队小伙伴想了一个招，在宣传的时候把摊位是哪位邻居的都一一罗列出来，意思是，你们看吧，都是邻居的摊位，你不是想来砸么，砸的都是邻居，你好意思就去砸吧！谁也没想到，有一天会一派和乐融融、人山人海、接踵摩肩。这说明什么呢，走出家门认识邻居可以减少摩擦，大事化小，小事化无，当没有线下面对面真实的见面，群体的正向积极的交流，社区里芝麻大的小事也会被演绎到不可收拾。社区是非常柔软的，而不是激烈对抗的，邻里之间正向的连接一旦产生，柔韧的新社会关系就一步步演变产生了。

第一节 居住者的内生动力何来

苏格拉底有个产婆术的理论，认为教育是由内而外的，甚至有一个步骤是"助产"，通过不断地提问引导对方思考从而得出答案。蒙台梭利则通过贫民窟教育实验的成功论证了每个孩子内心都有个能量满满的小宇宙，教育的作用是激发这个小宇宙爆发。小宇宙的能量足够支撑孩子去独立解决成长中遇到的问题。

同理，我们在工作中就是要相信我们的居住者们，去激发他们内心的小宇宙，帮助居住者们寻找到自身的内驱力。

一、价值观引导

新介入一个社区，我们会建议先制作一张海报张贴出去，海报上主要呈现出来的就是价值观：我们想生活在什么样的社区？我们对社区有什么期待？我们需要社区吗？围绕这些梳理出文字呈现出来，虽然很模糊，并不具体，但就是在做价值观的倡导。如果海报打动邻居了，邻居就会被吸引过来。

价值观引导是始终要贯穿整个社区的，逐步形成居住者接们的社区共识。

二、符合真实需求

我们常说要做社区调研，也会针对社区调研梳理很多工具，我们其实也想通过实践梳理出个社区调研的工具来，但是，如果社区内的信任关系没有建立起来，调研只是个看起来不错的花架子，没有任何实质性的意义。除了信任关系没有建立起来调研不到真实的需求外，居住者自身对真实需求的体察能力也是很弱的。也就是说，真实需求就像是包裹在层层束缚之下，需要给居住者创造安全的环境，不断地鼓励自由的表达、不断创造机会给予表达的权力，才会卸下一层层的束缚，看到最美丽的人性底色，觉察并认知到自己到底需要什么。

真实的，都是很美丽的。

我们有社区的居民，大学时候组建过乐队，毕业后结婚生子、工作升职，都忘了家里还有把尘封的吉他，捡起吉他排练歌曲，在大草地上来一场社区音乐会，重拾梦想，还有懂你的邻居们相伴，分享美食，唱歌跳舞，是怎样的一番美好。

还有一位居民，东北人，性格飒爽，和对门的邻居吵起来没完没了。后来有一次参加社区厨房的活动，学会了制作醉蟹，很有天赋，制作出来的醉蟹真的很好吃。于是她开始忙碌起来，因为早上要去买蟹，买了回来要做，做好醉蟹还要去送，乐此不疲。原来人就是需要很多有意义的价值来填充的，感受到自己的成就感，感受到被邻居们需要，感受到时间过得充实。

给居民们表达真实的机会，给居民们创造承载真实的平台，在社区一次次交互邻里聚会中激活了对自身真实需求的觉察。

三、内容丰富有趣

社区是从无到有创造出来的，一个区域不仅只是住在这里，人和人之间没有社会关系，比如友人、邻里关系等，既然是创新产物，就应该是有趣生动的。我们常说的一句话：我们如何去打动居民呢？

那你先打动自己，从内容的设计、策划、组织、形式、内涵上去打动别人。作为外部力量，介入任何社区都需要先找到内部视角、换位思考、同理心、真正去了解居住者们。只有当我们把一个自己看了都心动得不行的内容制作出来，连自己看了都恨不得马上参加，这时候扔出去给居民们看到的时候，居民们才会主动来参与。

如果实在不能理解，那前面我们提供了挖掘社区居民成立社区工作团队的路径，原则上是因为只有居住者才真正知道自己需要什么，而也只有居住者有天然的权力在社区里行动起来，想要拥有一个什么样的社区，就为此而努力。这样在做一些社区设计的时候，居住者的感受可以作为直接参考。

比如举办一次社区亲子运动会，一般制作的方案就去网上下载一些游戏。那我们可不可以向居民们征集？是不是可以和居民们一起筹备？物资是不是可以由居民们众筹？同样是一个活动，背后的逻辑不同，呈现出来的形式其实是差异很大的。就像看我们的社区小助手，大家会不屑，不就是运营个微信号吗，简单。看完我们的社区小助手相关内容，还觉得简单吗？显然是一个很复杂的系统性工作。

四、美事美物美好的人

因为有价值的人而愿意停留在社区里。我们做过的社区里不乏因为社区氛围太好了搬家过来居住的案例。我们对居住之地的误解是被误解的，因为高大豪华的售楼处暗示我们大额消费才能带来美好生活，看起来好看，是否等于生活得好呢，这是值得打个大大的问号的。

社区的景观，除了固定可见的建筑、公园、植物、标识系统等，人在社区内产生的行为也是一种社区景观。我们会因为一场热闹的社区市集而专程赶到社区赶集，因为一群可爱的邻居组织足球赛而跑去当啦啦队，因为一场草地音乐会驻足停留在社区，想这美好的一切，别处难寻，正是想要的生活的地方。

你和居住的地方有没有发生故事，认识多少邻居，和一群可爱的人做了多少有趣的事儿，在一个共同的社区留下多少美好的记忆，能够让我们对一个地方产生归属感的是这个地方的美事美物和美好的人。

社区就是一个给一个个孤立的个体兜底的网，不管何时坠下，都能接得住你。这里的世界与外处是不同的，安全、舒心、彼此关怀。

第二节　一来二不走三滚球

一、一来

一来，是怎么把人们给吸引过来？

我们在社区里采取的所有行动并不是去拽着居民们来，而是居民们要主动来。在我们做的社区中，同样一个端午节包粽子的活动，居委会认为办不成，因为以往办过，来一群年龄较大的居民，把粽叶大米红枣一抢而空就走了，维持秩序很困难，管都管不住。当然粽子包了本来就是让居民们带走的，因为没有一点礼品或实物相赠，居民们都不会来参加。

那我们是怎么做的呢？首先体现在活动设计上，虽然是包粽子，但是可以包得很好玩呀，比如邀请外国友人来一起参加，邻居们教外国友人包粽子对不对？邻居们一听说教外国友人包粽子，积极性立马就起来了，而且包粽子是个技术活儿，外国友人学不会，更引得大家哈哈笑，氛围格外好。

不是现场会大家争抢吗？招募社区志愿者。招募社区志愿者不是随意行为，也不是把邻居热情当成免费劳动力，而是明确好职责和志愿者的详细事项，包括具体时间、地点、岗位以及岗位职责、服务标准等。岗位指摄影、主持、采访员等，服务标准则可以根据实际情况规定，比如活动开始前几点到场，到场后签到并且领取志愿者徽章，采访员具体需要做一些什么工作；等等。社区志愿者到岗明确职责了，就会维护好现场秩序。邻居们不好意思不遵守啊，因为志愿者也是邻居，违反秩序会不好意思呀！

不是为了礼物才来参加社区活动吗？那就包好粽子不拿走就是了，这样又可以延伸出去一个新的活动——送给社区的孤寡老人们。物品去向明确了，大家不仅不会有意见，还会继续参加活动，挨家挨户给孤寡老人送粽子去！

用这个案例说明居民们只有主动的行为发生，才叫作参与了社区，被动喊来参加只是一个服务性的行为，会削弱居住者的主动性。所以虽然现在很多社区都是居委会、物业、开发商、外部第三方机构在做社区活动，全部准备好了居民们只要来按照流程被服务一下，是会让居住者形成依赖性，并且认为这是自己应该享受到的。

主动来，还是被动来？让居住者们主动来吧，这是居住者们共同的社区啊！

二、二不走

二不走，来了怎么不走？把人们聚集起来，怎么聚集？

居住者怎么会不走呢？是自己一点一滴创造出来的东西，舍不得走；付出的时间、精力，成本越高，越舍不得走。

我们有个案例，一位很不错的邻居，符合社区种子的标准，一直鼓励他到社区里来多多参与，因为他曾经有过在社区群里被误解的不愉快经历，屡次交涉都未果，都以其工作太忙没有时间拒绝了。"太忙""没时间"都是托词，"没有意愿"是潜台词。结果从周末开始看到他，上午在帮手工社团拍摄制作扎染床单的照片，下午摄影社团活动又看到他的身影，晚上足球俱乐部居然又看到他奔跑的步伐！没过多久，他折腾了一个自个儿的社团，从此以后每个周末都可以看到他在社区里忙碌的身影。

从不喜欢和邻居们打交道，毕竟"一样米养百样人"，每个人都是不同的，相互打破隔阂或成见，相互理解本来就是奢求，但是随着邻里间交互频次的提高，有丰富的形式承载不同的居民们的不同的真实需求，建立起了邻里之间安全舒服的交流环境，当我们放下戒备，信任我们的邻居时，任何不同邻居之间的交流就都顺畅起来了。这样，邻居们就不走了。

三、三滚球

当人们在社区不走了，人们就会像滚雪球一般蜂拥而至。

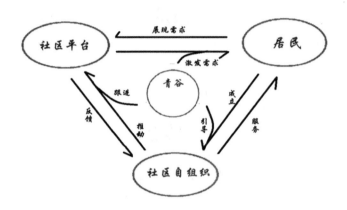

"青谷"是我们机构的名字。本人认为中心这个圆圈是可以由各类角色担任的，居民们、居委会、物业、业委会等。我们介入一个社区的时候，搭建社区平台，信息发布平台、居民交互平台、社区宣传平台等，居民们汇集到社区平台上展现需求，社区平台的内容叠加交互又进一步激发居民们的需求。

居民们的精细化需求由社区自组织承载，社区自组织又服务于居民们。社区自组织推动社区平台更蓬勃的发展，社区平台反馈信息到社区自组织并协助其更好的发展。

如此这般循环往复。

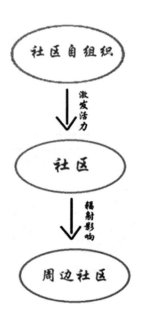

　　一个社区的活力真正激发出来，不仅造福社区，还会辐射影响到周边的社区。

第三节　社区人力整合模式

　　社区的人力成本解决，前面专章讲了，本人认为颇有前瞻性。第一个社区我们成立了8个人的机构团队，都是外部人员，非居民。但是把社区自组织激发出来了之后，发现实际上落地的活儿，都是居民们在做。后来就不断改革我们的工作模式，比如全部培育在地居民成为一个工作团队。目前论证了一年，看来还可行。

一方面成本大量下降，另一方面我们是期待研究出后期不需要花钱的运作模式。也就是说，一开始我们培育居民们成为在地团队，在地团队去激发社区活力培育社区自组织，社区自组织培育完善实现自我运作，给其他居民自组织们示范好，把社区自组织之间的协商机制，以及居民和各个社区利益相关方之间的协商机制建立完善后，实现自我运作，开始反哺社区，这时候社区资本基本都积累起来了，就不需要花钱了。

谈完我们的工作模式，再谈社区自组织的模式，逻辑是一样的。

以羽毛球赛事为例，居民们要举办一场社区赛事，而且是整合居民们碎片化的时间，难度是很高的。所以，需要帮助发起的居民，先全盘捋顺，要办成一场赛事，先做一个整体规划，包括了人怎么解决、钱怎么解决、赛制制定等所有相关事宜。有了这个规划后，就成立核心团队，当然都是居民们，进行分工，责任到位。大家总以为志愿者、公益就等于很随意，真正的公益承担着社会责任，怎能随意？必须专业到位。思想上对自身分工产生责任感，一方面需要引导，另一方面这事儿就是居民们有意愿有需求要做的事儿，有内生动力（当然也需要引导），因为居民对自身有什么需求，实际上是模糊的；即使知道有需求，也不会把需求对应到社区来，因为对社区没有概念，怎么可能有需求对应到社区中寻找承载空间？

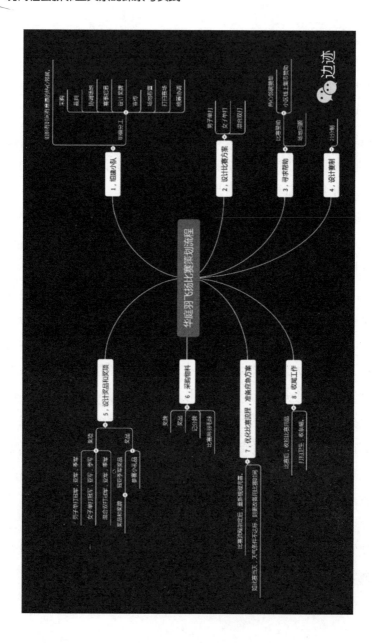

赛事组委会建立起来，定场地、定裁判、定时间、定预算等，方案就完善了。接下来解决经费，是一位居民赞助的，比较顺利，因为这一批在社区做生意的居民们已经培育了一个多月了，意识先进的认可社区发展需要，居民们出力就愿意出钱，另外因为带着农村的烙印，农村有邻里有事儿各方支援的传统。

全部定好后，开始招募报名。宣传这块弱一些。一般社区公号建立后，仅公号的传播和点击量信息传播就很快了，这个社区就弱一些，宣传渠道就一个公号，物业会帮忙，但是居民和物业之间关系紧张，实际上也帮不上多少忙，更多的是相互的信用背书。

到报名截止，正式赛事那天，居民们激动得不行。你想想，你要是和朋友们一起筹划一场赛事，你激不激动，你兴不兴奋？而且就在社区里，地缘优势明显，交通成本、沟通成本都大幅度下降，到底方便啊。主事人说他长这么大，从来没这么早醒，而那天早晨6点钟就醒了，看有没有下雨，很幸运，居然无风无雨，隔天大雨就来了。

你若出发，便是晴天。我们经常在社区遇到这样的事儿，因为没有空间，很多时候都只能用室外的场地，天气好不好不可控，经常看天气预报下雨之类的。没想到！到那个时间点，就天气好了，很神奇的。这大概就只能用"得道者多助"来诠释了吧。

只看社区本身，确实很难看出价值，毕竟广场舞、给社区娃娃们排点有趣的课程、养老社区的互联网技术、建造个公共空间，一般量化社区活动的次数和参与的人次，部分的内容只产生有限的价值甚至短暂的价值。

我们要求培育社区自组织，要求挖掘社区领袖，要求举办社区传统文化节庆活动，要求培训议事规则，要求建设社区公共空间，要求都明确了，去完成每一个部分看起来没问题是吧？社区发展起来了吧？**单个的目标只完成了指标本身，指标产生不了社会价值，更谈不上解决了社会问题、创造了社会影响力。**单个的目标不能单个地做，需要把所有单个的目标交错融合到一起，有些前置有些后置，根据社区的实际情况来，也就是说这些目标都属于社区这个整体，他们之间都有联系，有内在逻辑，相互借力循序渐进才得以推进，推动社区的发展。

社区最有价值的，除了社区本身，社区发展之后的"溢出价值"更为可观。这才是大家目前积极投入社区预测的"蓝海"。

这是我们在社区做的工作：

半年到一年激发不同的类型的社区活力，激发社区内生动力，建立人群结构，重塑社会新邻里关系；三年实现创造社区，重新发现社区的积极性、公共性、创造力，建立社区声望系统、培育创造力等。即使在不同类型的社区，我们做的其实都是同样的事情，至于呈现出来的内容完全不同，是因为组成社区的元素各不相同，即社区的独特性，做的都是一样的事情，即方法具有普遍性。

这一段话是我们机构基本论证完成的一套社区发展模

式，要单独做一块"社区自组织"或单独做一套"社区活力激发技术"，会懵，就不知道怎么做，只会做社区这个整体。社区是环环相扣的整个系统，割裂了就不是有机体了，割下来的部分也只能成为废料。**从社区意识的唤醒，到培育社区力量，逐步形成社区协同，创造出一个能让居民们生活一辈子不想离开的社区，就是一个层叠交错而又各自自然发展的复杂系统。**

第七章　从自驱力到自组织

　　居住者的自驱力，是单个个体的行动。社区本质上不支持个体行动，而支持有协同精神的群体行动。因此激发了居住者个体的自驱力后，需要用自组织去承载群体共性的需求。

一、自驱力源自真实的需求

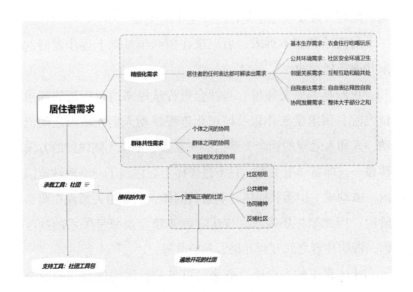

　　我们倡导在社区内首先要建立各类交互平台，居住者就可以在平台上交互，在这个过程中可以对社区交互信息进行解码，解码出居住者真实的需求。

　　按照社区内需求的层级，分成五类需求：

　　基本生存需求：衣食住行吃喝玩乐

　　公共环境需求：社区安全环境卫生

　　邻里关系需求：互帮互助和睦共处

　　自我表达需求：自由表达释放自我

　　协同发展需求：整体大于部分之和

　　基本生存需求是必须满足的，生存需求满足的基础上对社区的环境是否安全、是否干净整洁会产生需求。当然社区的真实安全感除了来自社区大环境，居住的邻居们是否结识，邻居们是否带来安全感也是社区安全中的重要一项。

　　前两项是基本诉求，后三项在前两项基础上逐步发展起来并逐步延深的。

　　我们是否需要邻里？当社会进程从原来的村庄氏族到单位大院，因求学工作以及城市化进程推动人们在城市之间流动，人和人之间的社会关系已经从家族、单位大院向新的方向转移——即新邻里关系，只不过硬件上居住到了一个地域范围内，被动成了生活共同体、利益共同体，新邻里关系尚在萌芽阶段。因此第三层需求，发生在逐步建立新邻里关系的社区内，即居住者之间互帮互助、和睦共处。

　　社区真正的安全感，既来自可见的社区实体空间的安全性，更来自居住者共同创造出来的"不可见"的但生活在其中的人时时刻刻可以感受到的安全感——认识的邻居、熟悉的社区元素、邻居们随手会帮忙解决各类社区问题、有需要的时候在社区里能够得到回应；等等。只有在安全的社区环境内，并且是有序、正向、宽容的社区舆论环境内，才有第四层的需求体现，就是自由地表达，完全放松地展示自我真实的一面。

个体的需求可以在社区内得到回应和保护的时候，是否可以发展到第五个层级，即能够突破个人的认知边界，形成利他的社区意识并且付诸行动，愿意协助他人并成就他人，为整个社区的进步付出努力的主动行为。

这五个层级并无严格的递进顺序，在不同的社区发展的节奏不同会有前置后置等不同的顺序。写到这里，我们回顾一下目前针对社区的各项调研，调研收集到有准确统计数字之外，关于居住者的调研，一方面是居住者的调研较为复杂，实际上居住者本身并没有融入社区建立起社区新邻里关系的情况下，居住者自身也描述不清楚其和社区之间的关系。另一方面，调研方和社区之间的信任关系没有建立起来，调研到社区的真实情况较为困难。

居住者个体的需求，是不需要去回应的。居住者的需求逻辑上是谁有需求谁行动，谁有需求谁买单，生活是自己的，不是别人的。我们的工作是给群体性需求提供工具。

群体性共性的需求，由不同个体共性的需求、个体之间形成协同，从而形成群体需求，群体需求就可以用自组织这个工具去承载。但是如果自组织自成一派，而不具备支持其他自组织的功能，是我们不愿意看到的，因此在群体层面需要引导形成协同精神。所以我们看由需求导向形成的系统，包含了个体与个体之间的协同——任何自组织不是某一个人的，而是志同道合一群人的，个体和个体之间相互牵制相互制衡相互合作；自组织和自组织之间的协同——互帮互助，群体和群体之间相互牵制相互制衡相互合作；利益相关方之间的协同——服务居住者，彼此博弈，形成共识。从而形成社区这样一个整体。

自组织通俗来讲，是社团的形态。用社团去承载居住者精准的群体性共性的需求，第一批扶持发展起来的社团尤其重要，需要具备榜样的作用。

一个逻辑正确的社团，必备的要素有：

（一）社区枢纽

枢纽，即通过此了解社区、参与社区、创造社区，既是社区信息的枢纽，也是挖掘社区种子的枢纽，同时是社区活力聚集地之一，还是社区资源积累之处，更是倡导更多居住者成为社区种子的发源地；等等。

（二）公共精神

需具有承载社区公共事务的功能，关心社区大大小小的事儿，当然社区都是小事，没啥大事，找猫找狗互借生活用品、搭车接送小孩、跑去对门敲敲确认一下老人是否安全……倡导社区内建立新邻里关系，倡导邻里互助减轻生活各类成本，营造良好的社区氛围。

（三）协同精神

社区并不那么需要强者，个体真实的样子也不是铜墙铁壁一块，真实生活中我们应该是最柔软的样子，所以才会在社区里处处防备。既然我们都是弱者，都是一个个被割裂的原子化的个体，孤岛需要用友善、互助、协作相连，需要自觉自愿地去协同社区各个个体、群体、利益相关方，尽绵薄之力，积累社区资源。是的，社区中人的行为本身就是在积累社区资源。

（四）反哺社区

当社区需要帮助的时候，及时施以援手甚至慷慨解囊，帮扶弱势群体、捐赠公益项目、支持社区发展等，我们要相信社区凝聚起来的力量，足以解决社区遇到的一切问题。所以良好的社团会具有反哺社区的能力。

社团的发展，分南北方差异、一二三线城市差异，因此需要提供工具包，可选择性使用。

如果足够幸运，对的，不是每个社区都会出现逻辑正确的榜样社团，一个逻辑正确的榜样社团，居住者之间相互学习，各类社团就会遍地开花般地出现。如果没有逻辑正确的榜样社团，就需要扶持多个社团相互制衡，以免出现个人占有社区公共资源的情况。

自驱力的动机，并不都是出于公共精神的，现有社会强烈的动机来自干燥的权力逻辑和市场逻辑，而在社区根基还不够扎实的时候，这两种逻辑对社区的利用是对社区未来良性发展的破坏。因此在社区扶持社团的时候，是否有具备榜样作用的社团自然生长起来很关键。

二、自组织四要素

自组织，笔者即在此章节称社团。由于社区的类型不同略有差别。

其四大要素：社团创办人、社团名字、社团简介、社团规则。

第一要素：创办人。做老师的时候就知道，班主任是什么样的人，班级就会带成什么样的班风，同理可推，社团的创办人决定了社团可以成为什么类型的社团。

社区种子是可以作为社团创办人的，社区种子的标准在第五章讲述过不再赘述。

如果没有挖掘到合适的社区种子，社区里挖掘出来的不错的居住者也不多，相互之间也不认识，那么一个或多个发起人（指发起一个社团）可以备选。并不硬性要求，发起人的数量弹性，不可超过5个。

如果并没有物色到比较合适的居住者，那么采用联合创始人制度，即一个社团必须有多人发起（3—5人），各自有相对明确的分工机制，形成相互的牵制以及协作也是可以操作的。

这个顺序是按照社区基础从较有基础、基础一般、无基础的顺序排列的。

第二要素：社团名字。一个有辨识度的社团名字有助于让人记住并易于传播。名字不出现商业元素、个人元素等，因为过于直观会显露个人利益诉求。社团从创办人到名字、规则、理念上都具有公共性，社团名字是最直观的体现。

第三要素：社团简介。包括社团立意；宗旨是什么；为什么成立；成立要做什么。

第四要素：社团规则。

1.确认身份

指确认居住者身份，非居住者也要标明非居住者身份。社区始终是开放的，当然社团是否开放由创始人决定。

2.理念倡导

社团的意义决定了可以吸引哪些人，在社团简介中用一两句话精准提炼，而规则则可以逐条列出来。

3.来做什么

成为社团一员可以做什么，获得什么权限。

4.不能做什么

既然有可以做的，那就有不能做的。梳理清边界，用规则来约束行为，为社团营造良好的氛围。

5.共同愿景

一群人共建的社团，需要有共同的愿景，并且是在实践中不断呼应愿景从而形成社团共识的。

三、自组织扶持步骤

因为社区基础不同，所以自组织（即社团）可以具备不同的功能，起到不同的作用，因此形式上也可稍有差别。

（一）基础社团能力

如果社区内并没有挖掘到合适的社区种子，可以根据社区的实际情况以需求为导向引导居民们发起社团。比如在郑州Z社区，第一个引导成立的社团是跑团，因为当时社区没有室内空间资源，跑步则不受空间影响，且社区内几个组团内都有跑道的设计，观察过早晨晚上都有居住者在跑步。这就是一个真实的需求，社区种子并没有物色到有明确意愿的，有明确意愿的稍微引导一下就会行动起来。北方的社区普遍自驱力的激发比南方更困难些。于是就从不错的居民中物色了几位发起人，共同发起社团。

这时候的社团因为社区基础弱，不能要求太高。四要素具备已经很困难了，制定规则发起人认为不好意思去管理。某跑团在后期因为人太多没有规则，社团内杂乱，一位发起人在某天发了条规则：凡是没有参与过线下跑团活动的请出社团。这下乱套了，有的居民很生气，虽然自己没去，但是她老公参加啊；有的居民意见更大，因为时间凑不上没去，但是邀请了很多邻居加入啊！规则没有前置，人为制造了一些麻烦，因此规则是社团成立必须具备的要素，社区内有很多看起来"无用"的内容，"有用"或"无用"用现有社会的经济逻辑或权力逻辑去解释是解释不通的，要十年后看是有用还是无用？眼前看有用还是无用？

所以，基础性社团，可以具备四要素就可以保障其不需要依靠外力自我运营了。

（二）发展社团能力

发展性社团除了具备四要素之外，有能力自行组织具有社区影响力的社区活动。

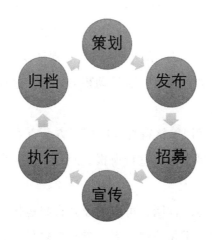

一次社区活动的完整流程包含六个步骤：

1.策划有趣好玩吸引居住者迫不及待想来参加的活动，并且具有固定频次和延续性。

2.在社区公共平台上进行信息发布，而不是随意发布信息。

3.招募撰写能让居住者看懂并进行传播的帖子，把活动要素交代清楚：主题、时间、地点、参与方式、准备工作、其他要求等。

4.有没有居住者看到并且参与取决于社团是否具备宣传能力，一方面社团自己要宣传自己，另一方面要和具有宣传能力的平台或其他力量协作，获得社区各个宣传渠道的帮助。

5.现场执行提前一小时到现场，安排布置应对一些突发状况，保证参与者可以联系到社团组织者（比如找不到场地、临时有状况需要沟通等）。活动开始及时拍照、做记录、在信息平台上发布进展情况、和大家互动等，保证没有来到现场的邻居们看了很心动，为下一次活动积攒人气。这样才会越办越好。

6.活动结束相关材料都要归档，方便查看。归档包括：策划方案、招募文案、宣传海报、照片、签到表、回顾文章等。

具备此能力的社团，可以保障其自我运作长期且良好。因为整个过程注重每位参与者，参与者较易在此过程中转化为贡献者、行动者等，为社团发展得更好助力。社团发展良好，只要受到居住者们的认可，就可以慢慢积累社团自身的社会资源，以期将来更好发展。

（三）高能社团能力

具备社团四要素、具备自组织一定频次社区活动的能力，那么就有可能进阶为高能社团。

1.整合空间资源的能力

按照一般的发展顺序，社团活动需要解决场地，所以高能社团首先能自行解决使用空间的问题。是和居委会协商，还是向物业申请场地，还是盘一圈社区周边的空间资源，社区的空间资源不局限于社区围墙之内，其实是可以无限延展的。

2.整合人力资源的能力

我们一再强调，社区不需要彰显个人能力强者，因为社区内需要去激活不同的个体自我驱动发挥其价值，社团作为一种形式把这些价值整合在一起，社团的大量工作就可以减轻，因为大家齐心协力各自分工做完了呀。社区的人力资源整合模式是相互成就的任务制，各自完成各自擅长的部分，整合起来完成一个具体任务。

3.社区信息枢纽

及时帮助社区传播各类公共信息，而不是关起门来只为本社团所用。不仅传播信息，还会做信用背书，进行解释，翻译话术，降低社区内的沟通成本等。信息也是社区资源，如果社团具备此能力，社团内外的信息传播都会很顺畅。

4.筹资能力（资金或物资）

当社团具备一定的规模时，资金或物资都会主动来找社团。社区的事儿，不能强求，你若盛开清风自来，踏踏实实把社团运营好，初心不改，时间积累，什么都会有的。到这一步的时候，务必要做好财务公示。

5.社区影响力

在社区内具有声望，在周边社区具有知名度。

（四）你的社团你做主

到这个阶段，社团各项能力已经完备了。社团自行决定发展方向以及长期发展路径。

你的社团你做主。

四、四个社区故事

以大理M社区的某自组织"爱娃娃"为例，这个自组织较小，可以阐述清楚逻辑。这是一个社区自组织，一开始的雏形是返乡大学生在村里张罗起来的，学龄前的儿童，大概十来个孩子，想以此为切入点试图去激发家长们（社区里的中青年群体）关注社区参与社区。很典型，一般在社区里都"认为"从"老人或孩子"入手是比较好的切入点。

一段时间执行下来，成为返乡大学生一个人的事情，工作产出较低的社区群体很难具备时间观念，因为他们的时间并不受自身自由支配，孩子们来，是一种被动的行为，需要大学生去喊了才来。

那我们可以做什么呢？要实现家长们把这个自组织运作

起来的愿望。

具体怎么做呢？

有基金会的项目资金支持，可以支持村民们走出村去学习，就和几个比较重视孩子教育的家长商量，到附近一个幼儿园参访。幼儿园的校长是个"神奇"的人物，还是通过一位杭州的朋友牵线联系上的，结果这个校长听说村民们要去学习很激动，开了车就来村里了。来的时候正好在村里的家长们主动与校长沟通了一番，专业的人做专业的事儿，不无道理。这样的校长属于很有智慧的人，就这么一碰面，村民们对这次走出去参访的热情被激发了。

有资金支持，其实就可以支持到村民们去参访学习，不用村民掏钱。而且村庄里普遍收入较低。但是，大学生在村里做了这么长时间的阅读讲故事，村民们的意识并没有被影响，这涉及一个做公益的原则——需要有价值交换。听起来有点功利，但是我们花出去的时间、精力、资金，其实都是需要有产出的，产出不是经济上的，也不是等价的，产出是——村民们的改变，意识上的觉醒，能力上的增加，社区权力结构的改良等。

这样，就和核心的几个家长协商，这参访的费用，先让村民自己掏。如果村民提出来有困难，需要支持的，谈比例，村民出多少，支持出多少。如果再有困难，再谈是不是需要全额支持。

出行，需要和幼儿园沟通，需要联系车子，需要定住宿，我们可以很轻松做完，对不对？不行，现在是村民你们自己想出去，是你们的事，自然你们自行解决，我们可以协助和支持。这样很快就搞定了，村民有自己的方式有自己在地的关系网络，不一定比你们效率低。

接下来是哪些村民去的问题。教村民撰写了招募帖子，直接在帖子上交报名费，金额不少。

这样一系列的事情筹备完成后，开始招募，发出去，一会就报满了。

对于我们来说，太惊喜了！ 毕竟出去一趟对于村民来说，经济上还是小负担。

到出行参访很顺利，非常开心。好，这事儿就结了吗？

不，这是个引子，才刚开始。

回来后，不管有没有出去参访，把家里有学龄前孩子的家长全部召集起来，让每个人都说说对孩子教育的想法。你就发现，参访过的村民，是有认知的，教育资源差异的认知，更多是对接下来村里能做什么的认知，拓宽了认知。当时幼儿园推荐一本书，后来很多村民都买了，虽然后面并没有怎么阅读，但相对专业的教育技能需要专业的力量教学才能掌握，本身村民的学习能力就弱一些，比较难。

在这个召集会之前，其实已经和核心的村民协商了一轮，接下来就是要设计机制，让这个事儿离开了谁都能运作。既然都是自己的孩子，那你的孩子要参加每周一次的讲故事听故事，你就要来做点贡献。这样就定了，"爱娃娃"，应该谁来主导运作？应该是每个孩子在这里受益的家长。由家长们轮值，来给"爱娃娃"的孩子们讲故事。那怎么保证执行到位呢？设计了惩戒制度，每个参与"爱娃娃"的家庭交100元押金，签订承诺书，承诺成为"爱娃娃"的志愿者，贡献一到两个小时参与轮值，并且如果轮值的时候无故缺席便从押金里面扣罚金。

这样到召集会的时候，开始抛出来，改良目前给孩子们讲故事的模式，因为大家会慢慢觉得这事儿是大学生的，如果有一天大学生不给孩子们讲故事了，村民们不仅不会感谢，还会指责。孩子是谁的？是每个家庭的，自然是家庭应该承担责任。而社区的教育现状就摆在那里，大家也看到了参访的幼儿园就是一家社区家长们共建的幼儿园，不要小看自己的力量。这样就正式提出来，每个家长参与进来做志愿者轮流给孩子们讲故事。村民有意见，在地里忙，家里主要的劳动力就是他们，到采松茸的时候整整几个月家里都顾不上；等等。孩子是你们的，孩子的成长是错过了没法弥补的，而每个家庭轮过来，可能要两三个月才轮到你一次，轮到你的时候提前安排好时间，空一到两个小时出来，都做不到吗？

一场会议开下来，最终决议，按照轮值的模式做，要参与的家庭签承诺书，交押金，选出两个财务，一个管账一个管现金。

这事儿到这里，算是初步地设计好了机制。

然而，这不代表什么，要看怎么运作。

我印象非常深刻的是，经历了这么一次会议后的第一次"爱娃娃"的讲故事，两个平时浑身颜色和泥土浑然一体的娃娃，焕然一新，干干净净。我还没想清楚自尊、自爱、自重在社区工作中推动的意义，但是那个瞬间，我被震撼到了。

因为不是所有村民都参加，所以要让"爱娃娃"成为一个让没参加的村民羡慕的自组织，这样开始丰富爱娃娃的内容。

设计了一个学习工具包，学龄前的逻辑训练、语言、音乐、美术、益智等满满一个大书包，钱是怎么来的呢？用马坪关的蜂蜡制作的润唇膏，售卖给城市里的好家长筹集的款，购买了这一批工具包。发放给参与了"爱娃娃"的村民们，以及家庭没有经济能力交押金但是也成为志愿者的家庭。

然后，是看到轮值的家长非常重视，而且他们会讲故事，用白族话讲一遍，汉语讲一遍，会教孩子们白族的打跳，会用工具包里的工具教学。大概没几个月，有一次拿识字卡片给一个娃看的时候，发现都翻旧了，而且娃娃居然每个都能说出是什么字，才3岁的孩子。

这样又把家长们集中起来，经过一段时间的培育，大家开始有自信了，原来觉得自己不行，其实并没有，每个人都有擅长的东西，并不比谁差。那个时候"爱娃娃"还不叫"爱娃娃"，已经是一个正经的自我运作的社区自组织了，取个名儿吧，"爱娃娃"这个名字是这次开会开出来的花儿。"爱娃娃"活动的时候村民们会教孩子们唱白族调，特别好听，有一首"啊哇哇"，大概的意思是，孩子啊，你要上学了啊，要怎么怎么做哦，要好好学习哦。这样就把"啊哇哇"音译过来，"爱娃娃"就这么诞生了。

后期"爱娃娃"再提升的空间，就是需要专业的力量，把村落周围的资源整合起来，设计课程体系。很遗憾这个时候已经退出项目了，并没有再跟进。也就是说，一个社区自组织，从无到有，到实现自我运作，大概的历程是这样。

只有居民参与是远远不够的，需要把整套的制度设计出来，并且由居民落实执行，是可操作的，唤醒居民们的意识——共同协同责任共担——切实解决了某个社区问题——良性的可持续的运作机制——社区各个利益相关方共同受益。

农村社区、城市社区，发达地区、发展中地区，我们始终做的事情是一样的，就像带孩子一样，我们只是扶持着，至于长成啥样，是由居住在这里的居民们决定的，我们怎么可能有确定的方案说就把这个社区打造成什么样的？我们是远远没有这个能力的，而越是强势的外部力量，对于社区来说，不一定是好事。

在郑州Z社区内，虽然是城市社区，但是居住者从周边村落聚集过来。在经历农村进入城市的过渡期，社区的基础稍微差了点，大概项目进展到8个月，才有了第一次把各个自组织发起人召集坐在一起"社区议事"。理论上讲，一般进入介入一个社区，社区议事都是同步推进的。每个社区自组织都建议建立规则，居民并不理睬，在社区这样一个落底的场域，对于城市社区来说，是盛放人的最底端内容的盛器，所有对社会的不满，终于到了自己"家"了，不用压抑了，尽情释放。这样在很长时间内激发的小小的点上的社区活力，考虑到居民们的意识转变需要更为长期的引导，寻找社区"良币"是当务之急。

基于社区有的室外空间，每个组团都有步道，激发的第一个自组织是跑团。发起的居民是一位仓廪实而知礼节的邻居，也愿意贡献时间精力为社区做事儿。通过宣传传播，开始有一些居民加入进来，一开始设计好规则，慢慢觉得没什么用就弃用了。内在机制也设计好了，固定一个时间和地点，做成常态化的社区行动，每位参与的居民都可以是组织者，模式出来了，谁都可以发起组织，报名方式是群内接龙。

良性运作起来就很好玩，每次跑步，都有个对接暗号，譬如"琅琊榜首"，你就对麒麟才子。跑步的路线设计了几条，通过长期组织后，就有了固定路线，跑团越来越壮大。有一次跑者遇到迷路的老人，还把老人送回家，这件事在社区里刷屏了，社区有温度，社会自然不冷漠了。

人越来越多后，管理成本就增加了，这时候做了一个凡是没有线下跑步的居民就踢出去的规则，引来很多不满。这就是规则、机制都是成套的，少了谁都不行，社区秩序的建立是很困难的，但是破坏很轻易，秩序的建立需要很多居民们的共同维护以至于传承，这不是单个力量可以推得动的，跑团只是一个枢纽，通过这个枢纽让更多认同社区是需要有序规则的居民参与进来，会有助于其他社团的发展。一是示范，二是已经对参与的居民进行了一轮规则教育。

而市集的制度设计就更复杂一些，因为市集是作为社区活力聚集地来运作的。居民们对社区公共事务并不积极参与，首先是吸引到居民们，这也是价值交换的原则，不是无缘无故天上掉馅饼给你，而是我们共同来创造一个平台，这个平台不是哪个人的，是大家共同的，每个人都需要负责任的，当然也会共同受益。市集的制度设计里面，针对社区私自住改商

144

情况严重，只能是长期居住的居民能享受练摊的资格，拒绝住改商住户，因为你是居民，你不敢卖不好的东西给邻居，抬头不见低头见，这就是相互制约相互制衡。一开始报名不积极，因为规则设计得有点多，但是社区比较乱，居民老是钻空子，逼得不得不定得很死，非常明确，没有来去。这样现场还是很乱，各种"个性化"的要求不断。这个社区的居民做事，没有"计划"，执行线条和逻辑线都很短，恨不得今天说一个事儿立马明天就实现，没有中间过程不需要筹备。这样市集承担了教会居民们共同来筹备一件事最终实现它的功能，通过这个示范让参与者体验到快乐，成为既得利益者，才会认可参与到社区当中来。

第一次市集现场还是乱，这样就决定要培育一批靠谱的参与市集的居民，建立了线上市集的平台，大概现在快300人了吧。运作方式是成立了市集组委会，组委会由愿意主持线上市集的居民们自愿组成，轮流做市集小助手，周三发布招募群内接龙，周六固定一小时广告时间，制度设计有4条，就不赘述了。

到第二次市集招募，很快就招满了。居然4个小时销售额达到一万人民币，神奇的居民们。

市集组委会接下来就要往承担整个市集运作的事情上发展，组委会选了秘书，选了财务，秘书负责每期市集小助手的轮值工作，财务负责管理线下市集现场捐赠拍品产生的钱款。接下来继续完善，市集需要增加人手，这是今天我们例会刚商定的，大概是再来一位秘书，两位秘书，分工协作，花两个月的时间愿意轮值的市集助手大概会有8到10名，确定下来，市集的核心团队就形成了。

在8个月后的真正意义上的"社区议事"，各个社团发起人最关心的也还是下一期市集的举办，理想的状况是把整个市集可持续运作的机制培育完成可以就交给居民们，不需要协助就可以独立完成，培育周期可以放长些。

市集说到底，也只是外在的形式。我们还是通过这个形式去激发社区活力，唤醒居民们的意识，引导居民们参与社区公共事务，掌握参与社区的能力，学会协同社区各个利益相关方，并且让市集的内部结构越来越复杂，衍生出更多风度的内容来。譬如，一位参与市集的居民成立了作文魔法屋，教导社区的孩子们写作文，这之前，这位居民是一位对社区里维权情绪比较激动的居民之一。作文魔法屋衍生出21天写作营。我不知道到21天写作营的时候又会衍生出什么，我们作为外部力量，有幸陪伴社区成长一段时间，在其中和他们共同欢乐也共同沮丧，看着他们从原来什么都不会到自信地在社区里做着有趣有价值有意义的事情，这是目前为止，做过的不管什么时候回忆起来都会让我产生幸福感的事儿。

社区自组织的数量远远衡量不出社区发展的价值，如果市集成为区域内的活力聚集地，可以激发的又岂是一个社区的活力。同理，任何一个社区自组织最终对社区问题实现的解决之道，才是最难能可贵的。

社区发展的溢出价值，所谓溢出价值就是做了社区活力激发、社区自组织培育（开发商把一群居民聚集起来称为"社群"）、社区居民能力建设（挖掘社区领袖、培育居民参与社区能力）、社区议事规则养成、社区基金雏形建设、社区传统文化节庆培育、社区教育内容（孩子、老人、年轻人、其他技能培训）、建设社区空间……都完成后会产生的价值，暂且把这称为"社区发展的溢出价值"。

城市社区中的居住者来自社会不同的层面，居住者掌握的技术、人脉、资源等都不同，交互产生相互学习的机会，尤其在高密度社区内，**多元交融创造出新知识，成为推动社区发展的原动力。**

下面通过四个案例来尝试浅显地展示——**知识的溢出价值，多元共融的创造力。**

案例一：

无锡T社区第一个培育的社区自组织，发起人是一个很聪慧的女子。还记得我们第一次开自组织社区议事会议，因为没有场地，找了附近一个商场内负一楼的一小片可以坐着休憩的地儿、有桌椅的开放空间。第一次议事，就用了罗伯特议事规则的超级简约版，发言需举手、主持人示意过才可发言；围绕议题就事论事，不能跑题，不谈除了议题之外的内容；其他人发言时倾听，不可打断发言人。这位女子举个了手，说："我感觉我就好像一个枢纽。"这是外部智库介入社区和居民们碰撞后，交融产生的创造性的事物，她就是创造了一个至今四年了依然在持续运作的社区自组织，前几天看到他们正在筹备举办社区赛事，定制的美美的社区奖杯，特别自豪，为居民们自豪。

枢纽，就是让居民们通过你了解社区、参与社区、创造社区，这就是发掘出来的社区领袖的价值，也是社区自组织的价值，也是社区其他内容的价值。也就是说不管是培育社区骨干、培育社区自组织（社群）、社区大型活动、自组织活动、社区议事、社区教育等一系列形式，都是一个个"枢纽"，虽然形式不同，背后的逻辑是相似的——通过不同的社区形式，激发居民们参与社区的意愿，培育居民们参与社区的能力。

当时就很"惊艳"，所以当时也是首先大力扶持这个自组织的发展，逻辑是对的。把一个榜样树立起来，给居民们就是个示范作用，加入这个自组织，就等于一直在接受社区教育，而且是逻辑对的社区自组织发展过程的实践教育。溢出效应是什么呢？哎，会孵化出新的社区自组织，对的，就是这么神奇。社区中，实践性的社区实务是居民们最好的学习方式了。

因为这种学习不是拉着居民来培训，来一本正经申请经费，按一道道行政程序走。社区就是生活的地方，我们应该有阐述过，社区中有三套逻辑：行政逻辑、商业逻辑、伦理逻辑，居民们已经在工作中和行政逻辑商业逻辑不停地打交道，回到社区就是家里，就是柴米油盐酱醋茶的生活，就是东家长西家短互帮互助的邻里关系，就是舒舒心心很有安全感可以自己做主的空间，就是真真实实亲亲切切地过日子。理应不忍心用行政逻辑、商业逻辑继续"绑架"居民们。

居民们的成长学习就是通过相互学习、相互教育，模仿邻居们怎么做的，在实践中完成的。方案要写，预算要做，逻辑线要放长，通过培训是培训不出来的，居民真正感到需要了，才会去习得技能，不是生硬的，是居民积极主动去学。因为一个居民或自组织这么做了之后，觉得蛮好，于是其他居民或自组织自然而然也就这么做了。

外部既定的方法和思维方式，对社区发展是"桎梏"，外部的力量是有限的，居民们相互学习成长后产生的创造力是无限的。你把有限的思维套在无限的空间里，就跟限制了孩子们的成长、一味挖掘光了孩子的潜力一样，丧失了持久的发展动力和丰富的可能性。外部力量又常常自认为很强大，尤其是政府和资本的力量，可社区就是这么一个神奇的地方，你越"强大"，社区越动不了；你得"弱小"，给居民们创造平台和机会，外部力量要甘心为他人（即居民）作嫁衣，放弃自己的价值实现，社区才得以发展。

这位聪慧的女子是怎么用弱小发展成一个四年依然在持续运作的社区自组织的呢？来，给大家做个示范。首先是她提出了精准的需求，又很清晰自己是"枢纽"的角色，帮助积极宣传传播，让志同道合的邻居们聚集在一起。人多了，就麻烦，因为一百个人有一百个主意，她可淡定，每个邻居发表意见的时候，从不打断别人，这可真是一种美德。大家有太多意见的时候，显然很难达成一致，她是怎么做的呢？

"示弱"，呀，你们都好厉害，我就不行，搞不明白。

要不，你来管钱吧！

看，就这么收了几个一心帮助"不太能干"的她的邻居们，这样最初的一群力挺社区自组织发展的核心小团队就有了。一个逻辑对的社区自组织就太给力了，有榜样在这里，自动就衍生出其他的社区自组织，因为创造一个社区自组织真的不难啊，鲜活生动的实践案例一个个摆在那里，是真实可触摸的。如果没有体验过社区生活是什么样的，居民们就很难理解到底该怎么做，所以每个社区一开始介入的时候是第一个工作难点，就是怎么把一个意识层面的期待，转化成落地可见的实实在在可以被看到的形式。

有一次偶尔去看了一眼这个自组织的活动现场，因为有场地费产生，就发现每个来的居民，会主动把20元夹在一个小板子上。走近一瞧，小板子上打印了签到表，来的居民签个名字，自觉交个费，都不需要人手，已经内化为固定机制、形成共识、自觉执行。这样一个小设计已经是惊喜，更惊喜的是他们的氛围，邻居们会带自家好吃的好喝的来共享，每个人都贡献出一点，交互后产生的价值就会持续叠加。

一开始这个自组织要举办个大型社区活动，找赞助很困难。今年举办了一场社区赛事，看起来规模不小，做得风生水起游刃有余的。一直说，社区活力激发了，其实社区真不愁钱，什么资源都会主动找上门来，各行各业都会积极主动来对接寻求合作，什么房地产、汽车4S店、互联网公司、各类商品买卖商铺、培训机构、做农业的……想得到的想不到的都会来。

之前和大家介绍过，某个社区执行项目之前，先盘了一下周边的社区资源，有个商场因为有室外的大型广场，就去和商场某经理谈，两小时，拒绝了我们。意思是商场就在社区旁边，根本不需要这个社区支持。短短半年，主动跑去找居委会书记，嗯，又要提供场地还要提供资金支持。

这些都是小小的附加价值。我们需要有一个工作原则，就是把合适的资源对接给有需求的社区团队（不能是个人，我们始终强调社区中的平权制衡和去中心化，啥都针对群体，什么都需要协商公共决策），而不是把资源转化握到自己的手里，我们的角色就是为他人作嫁衣，成就居民们为他人创造更高的价值。这就是最基本的职业道德。

资源对接到社区团队，扔到社区后，就会呈现滚雪球的状态，居民们贡献出自己的资源，外部的资源又不断滚动进去，这样就为居民们想在社区折腾啥都提供了坚实的社区支持后盾，人和钱都不是问题，就做喜欢做的事情好了。啊！这就是社区资本积累的过程。

案例二：

最近大家看到我朋友圈一直在晒哆啦A梦，上个月好家长福利院课堂画的是哆啦A梦，郑州Z社区正在做一个车位地绘的创作，巧了，也是哆啦A梦。

这个社区是一个从农村进入城市过渡阶段的城市社区。非常乱，非常无序，非常头疼，非常难做。就这样一个时常把我们气个半死的社区，时常给到的惊喜又令我们欣喜若狂，不夸张，欣喜若狂。

首先是居民们居然会吟诗："我姑酌彼兕觥，维以不永伤"。诵读这样的句子惊艳了社区了吗？还有原创作品："一个人的寂寞，一个人的房；一个人的生意，一个人忙。""我疯疯癫癫几十年，时而唯物，时而有诗的情调。""为了让我买东西，不会因为贵而犹豫，所以我选择了孤独，无趣，唯物。我现在正躺在西安大型洗浴中心，享受人间拥有那份快乐。"有种爱不释手的感受，于是读了又读。

车位地绘这事儿几近夭折，工作量本来就大，需要筹备的事项多，居民们又没经验。因为前期维权居民们和社区各个利益相关方，注意了，是每一个社区利益相关方，不是一个，是——每一个，都成为对立关系。时年4月社区谈的时候大家谈下一次市集的场地想放到社区外的广场上（围墙之外），就很直接地告知，这些广场空间属于城管管理的，城管就是政府系统的，你们要用就需要和居委会去协商获得支持。瞬间居民们无语，这还在交付期间陆续开始入住的居民，就已经把所有的利益相关方全部得罪光了。

要引导居民们和物业去协商，因为车位虽然是有邻居义务提供出来的，毕竟还是在公共空间范围内，有一些注意事项是需要协商约定好的。如果画了一个大家都去画，反而违背了做这个小项目的初衷。

教会居民学会和各个利益相关方协商是必经的过程，也是社区议事不可或缺的一部分，谁说社区议事就是成天让居民们议事来着。居民们和物业之间的议事不是吗，他们之间不能相互学习吗？当然可以。这样物业提出了一系列的建议，居民们执行的时候就有数，这是双方边界的梳理，社区就是缺责权边界的梳理，不是硬生生地梳理，就是在一桩桩小事儿中不断拓展个体、群体、单位对社区的认知，即使各自是不同的身份甚至立场，也能互相理解甚至学习到对方的思维方式和做事情的基本逻辑。

车位地绘的过程并不顺利，暂且不说。到确定要画什么的时候，提供车位的邻居和画画的绘画社也沟通了很多，每个人想要的东西当然是不一样的，双方的诉求提出来后，协商的过程其实是妥协的过程。车位主刚经历了求婚，未婚夫装扮成哆啦A梦求婚来着，那车位主想要的是那个场景，一个女生娇羞地站着，一位打扮成哆啦A梦的小伙子单膝跪地拿出了戒指，就是很浪漫的场景；绘画社社长有点执拗和二次元，还有就是，没画过……需要对照一张现成的哆啦A梦图来画，创作还不行。最后定下来一张也是传递陪伴的图，这和社区想传递的意识契合，社区陪伴啊，才敲定画面。后来经历了一些小风波一直推不动，包括到财务这块才发觉居民没有基本的财务常识。

到前两天使用了一些非常方法才开始落地画了出来。其实大家都怵，谁也没做过，懵。而就是因为没做过，才能激发创造力，视觉作品做出来，效果肯定是好的，因为可以被看见，在社区没做过这样的事儿，是个社区新鲜事儿。又因为工作量大，不得不寻求邻居们帮忙，这位群主曾力图靠自己之力全部做完……

社区内行动的形式很多，形式不重要，只是"术"，重要的是其背后的逻辑，比如画车位是一个"术"，目的是用这样一个有趣的小事儿一点点把居民们深度卷入。首先是居民们把这些真正当作是自家的事儿，才会突破自身局限，跳出既定的思维方式，尝试去做没做过的事情，创造出一个社区作品；然后是这个作品被大家看到的时候，就是一个很好的社区教育机会，展示出来的是居民们的创造力，用这样一幅作品传递社区陪伴的意识，让居民们看到社区美好的一面，社区美好的一面是怎么来的？就是一位位普通的居民们一点一滴创造出来的，不是别人给的。就是很美好的从心里、从每一位居民如荒漠般的心里辟出了绿洲，开出了鲜花，那是通往未来的希望。

有个很残酷的现实是，为什么要去创造社区美好的一面？因为丑陋太多才要去倡导美好。当我们团队冲在社区一线全心全意激发社区活力，培育居民们把社区创造得有声有色的时候，会有利益相关方悄悄地去找居民，意思是准备把我们踢走，他们来做吧（后来明白了大概觉得这事儿特别容易特别简单吧）。然后居民再来偷偷告诉我们，你说何必呢，还要拐几个弯儿，直接说多省事。我们当时还说居民，不可能不可能，你肯定听错了，社区现在正发展得如火如荼，多好。后来发生了著名的单方面违约事件，对我们整个机构造成了重创。

所以说，今日所能谈的所有经验，好听点是"惊艳"，实际上全部是教训，社区里该踩的不该踩的坑，统统都踩过一遍才算真正了解了所有的社区利益相关方到底是个什么情况。社区里还有成千上万形形色色各怀心思的居住者，人性为什么要引导向善？因为恶是需要遏制的，不制衡人性的恶，恶会被环境纵容，所以大部分的社区现状是"劣币驱逐良币"。所以在每个社区，都会首先告诫团队小伙伴，首先学会保护自己，接着再谈我们该怎么做工作。

这让我们清晰地认知到，我们就是个普普通通的很小的机构，没有资金没有人脉没有后台。哎！也就有底气！因为我们什么都没有，就一门心思把专业做扎实就行了。因为我们在脚踏实地做，知道社区发展后溢出价值有多巨大，远远超出你所能想象的，所以即使被欺负了，没关系，认栽了，谁让我们弱小呢，既然我们只有一点力量，就这一点力量做点力所能及的事儿。这不丢人。而且衡量我们工作价值的就是居民们成长到哪一步，社区发展到哪一步，只要这个标准完成，我们原本就计划完成陪伴期，全权退出，社区本来就是居民们的。

案例三：

大家总以为要去社区挖掘多能干的居民，其实不然，就是因为居民弱小，更好地成了引导其他居民们参与社区的"枢纽"。案例三就是这样的例子。有一位母亲，她的需求是刚生了宝宝，希望学习做一些烘焙，这样以后孩子就可以吃得健康一点，母亲自己在家做，比外面买的放心。就引导她做了一个社区自组织，关于烘焙的。她有点傻眼，因为自己什么都不会，在社区里认识的邻居没几个，活动范围就社区到附近一个商场的距离，她不是外向性格的人，也不是能干的人。就这样一个居民，从一穷二白，啥也不会，到现在做出来的蛋糕，简直可以用美轮美奂来形容，而且是带着一群居民一起折腾。几个妈妈还一起创业，开发了一些烘焙课程、烘焙产品、烘焙活动，俨然像模像样。你要问问N年前的她，不敢想象自己能创造出这么多有趣好玩儿的内容来，居然还走上了这样的社区创业之路，怎么可能？！

为什么弱者更容易成为枢纽让更多居民们参与进来，因为当你需要帮助的时候，其他邻居需要支付时间精力物资等来参与，居民们支付成本的过程，就是在创造一些什么，邻里情？熟人社区？有趣的社区内容？都有可能。外部力量习惯了去给，用这样的方式刷自己的存在感，不给好像没什么事儿可以做，因而忽视了社区最强大的力量，就是居民们身上的力量。每一位居民身上都有值得学习的地方，这位烘焙的妈妈，善于学习，提供场地的邻居，慷慨大方，因为没场地就把自己家厨房和烤箱提供出来，临街的咖啡馆看到居民们这么棒，欢迎来，免费提供场地……有一位居民，参加了他们组织的烘焙活动，在之后某个晚上做了好吃的送到她家，因为看到他们家灯开着，想着可以分享给她，就拿过来了。我们常常会被这些十足坦诚的善意而感动，因为为善成本高，所以居民们宁可事不关己高高挂起，善也需要环境承载，让"良币们"在社区里站出来不会受到攻击和误解，可以坦坦荡荡地行使自己作为社区主体的责任，做有利于邻居有利于社区发展的事儿。

我们常说的是"凡居住者之愿皆可为"。基于居民真实的需求，帮助其把需求转化为具体的形式，可以是社区活动，可以是社区自组织，可以是某种社区行动，都可以，居民们来决定，我们也不知道会是什么。这就是不预设的衍生价值，以不预设的姿态去期盼，以不确定的可能性丰富可能出现的任何一种社区形态。

还有一位母亲，孩子时年5岁，处于语言敏感期，她就跑去外面了解一下英语外教课程的价格，特昂贵，就有点纠结。转念一想，像他们这样的家庭是不是会有一些，如果大家都有这样的需求，就是想让孩子接受英语外教教育但是承担不起昂贵的教育金额，那是不是可以大家一起众筹个外教呢？就在社区里提出了这个诉求，没想到一下子得到了将近六七十个家庭的响应，除了社区的家庭，周边社区也有家庭感兴趣。大家一起琢磨请外教老师、解决场地、安排课程，哎，很神奇的，这事儿正儿八经地发展起来了。

就算是一个从无到有的过程，你说居民原来就会吗？并没有。这是大家一起创造出来一种新模式。你们有在其他地方听说过吗？没有吧！

这事儿往深里琢磨也很有意思，实际上居民无意之中推动了教育公平。不是有钱才能接受好的教育，有了好的模式同样可以让有需求的家庭都接触到优质的教育资源。所以，社区发展的溢出价值，不局限于资源的盘活、人脉的变现、人力资源的滚雪球、社区空间的利用率提高，还在于创造了有价值的社会内容，解决了社会问题。虽然居民们是无心为之，也并不知道自己做的是教育公平，那又何妨呢。

案例四：

说完了女性的案例，一定要补上男性的案例。社区需要关注参与居民的性别差异啊！在长江三角洲地带，活跃的大多是女性，就拼命激发男性的参与来平衡一下，不然，全是女人你懂的……到了中原地带，一开始活跃的大多居然是男性，这样社区的气质太刚，尤其有矛盾冲突的时候，就那种"你不死这事儿就没完"的架势，很头疼，就拼命激发女性的参与来平衡一下。这种参与不仅仅是数量，还要看社区意识表达上女性的表达是否受到重视和肯定。

说一回这位男性居民，这个社区的居民工作时间很长，周末加班概率也很高。一开始参与社区的时候表现出较有责任感，就鼓励他可以在社区自组织内承担更多工作，当时他说了一句话我一愣"我没上过多少学"，大概这个意思，原话不记得了。作为一个已经从农村走出来，在城市有一份稳定工作并且买了房子的人来说，应该已经算很出色了，却表现出很强烈的自卑。

第二次有印象，是在社区市集上，他主持他们那个社区自组织的游戏环节，因为比较受欢迎，互动环节互动了好久，就一直听到他不断重复着同一句话。很纳闷，哎，为什么说来说去就这一句话呢？

第三次是正好和几个邻居一起走回社区，大概10分钟的路程，他妻子和我走一排，他和另一位邻居走在前面。他妻子说她自己也是先说没念过什么书，好多时候居民们讲话都不敢插话，有时说的听不懂。还说，他们以前都没住过这么好的社区，都是那种城中村，条件并不好。再说她丈夫，在参与社区之前，和大家在一起一般都不说话，别人说什么，偶尔"嗯"这么一声。

那一刻，我抬头看了前面他的身影，是在步道上，有路灯，把前面两个居民的身影拉得长长的。猛然反应过来为什么市集上他总反复说同一句话，这是他人生中第一次站在一个"舞台"上（公众面前）表达自己，需要多大的勇气，我们并不知道；这对他来说，是人生中汹涌发生变化的一刻，悄无声息地发生，却没有人知道，一个社区居民的命运可能正在改变。

在一次社区谈的时候，居民们谈到很想了解一下其他发展得好的社区自组织是怎么发展起来的，就建议他把他们组织的发展梳理下，做个简单的PPT给大家讲讲。散会后，他私下里问另一位居民，PPT是什么？出于安全考虑，社区微基金支持购买一些安全标示支持这个社区自组织，结果申请到购买花了一两个月的时间，后来才知道，不会使用淘宝，就用的社区方式，找会设计的邻居，邻居帮忙做设计印刷和制作等，时间就拖久了。

到下一次社区谈的时候，他作为其中一位分享嘉宾完整分享组织发展的整个过程，当时有点担心逻辑梳理不清楚，交代团队小伙伴需要帮助他一起梳理。快到社区谈的时候（隔天就是了），还没看到他的准备工作，就有点着急，催团队小伙伴跟进。

因为每天都要加班，到家都很晚了，又不太会使用工具，抽空手写了一份讲稿。讲稿分成7个板块，分别是：自组织概况、自组织如何形成及其由来、如何实现自组织首秀、如何发展壮大、添置安全设备、自组织大事记、未来与发展，每个版块的内容清楚明了，逻辑满分，框架清晰，即使是居民们帮忙一起梳理过的，但他的成长也已经足够让我们感到做的工作实在太有价值了！值！真值！

可见居民们是无差别的，只要有愿意，社区能够提供平台给他们，都是可以创造出很有价值的内容出来的。

每个社区唯一需要做的，就是结合自身的情况，在合适的时候将摩擦系数减到零，建立一个运行有序和有效的"闭环"。

用这么多案例，就想告诉大家，只要给居民们一个支点，或许他们撬动的可是社区这个美丽星球呀！

因多元共融而产生的创造力，缔造了知识的溢出价值，自然而然不断延展出新的价值，这个溢出的过程是不会停止的。

引用《城市出了什么问题，为什么有关城市的意见总是尖锐而不可调和（上）》里的一段话："……城市是一个多元化的地方。什么地方来的人都有……为什么多元化很重要？因为我跟他不一样，你跟他不一样，我们都不一样，可以看到很多不一样的地方。这些不一样，其实带来了相互间的学习机会，也带来了学习的欲望。我愿意学习，觉得别人这个号，我也想做那么好。……为什么我一直强调这个学习功能？因为这种东西其实就是新知识，创新产生的来源，改变就是从这里来的。"

城市社区，吸引了多元的人们居住到了这里，没有哪个社区是一片空白的，人们都是带着成长烙印、技能经验、受教育背景……而来的。因为大家都不一样，带来了相互学习的机会，这个学习功能就是创造社区新知识产生的来源，改变由此发生，这是对整个社区进步最原始的推动力量。

第八章 社区公共空间

"在一定地理范围内，能够让居住者们聚集、停留、使用的场域，都可以称为社区公共空间。"

如果我们要较真一点的话，社区公共空间还包括了线上缔造的新空间，而不是狭隘地理解为线下的实体空间了。因此中国的社区是需要被重新定义的，但这个定义不好下，社区的公共空间也不好下定义。那我们总要有个讨论的基础，先以第一句为基础来讨论。

首先，社区公共空间，不局限于室内的被居委会、街道管理的楼层，也不局限于开发商或物业理解的室内配套用房，而是如社区地图一般囊括了社区以及社区周边所有可以产生使用价值的整体的硬件资源：大大小小的广场、大大小小的公园、街道、走廊、步道、架空层、楼房、高层的底层大厅、周围的商场（室内室外的广场、贵宾室等），在这里面还需要补充一点就是，居住者拥有的私人空间也可以承载一定的公共功能，比如家里有院子的，院子就可以使用起来作为社区派对场所，从某种意义上来讲，愿意把家里的空间提供出来的，私人空间在某些时间段上就转化为社区公共空间了。

社区公共空间是一个整体，不可分割，不可割离，也不可能单独某一个建筑产生功效，或者说，一个独立的社区空间所产生的价值是非常有限的。

那还是先盘一下我们案例中的社区公共空间的使用。我们从前面几章过渡到这一章来谈社区的硬件，比较突兀。里面的缘由是这样的，从一开始我们做社区项目，其实是做社区室内空间的运营，在当年，大家基于对社区"可见"的理解，依托于社区可见的实体空间展开社区项目。那我们机构遭遇了什么呢？就是每个项目都要求交付一些空间给我们运作，然而到项目结束都没有一个交付的。但是社区活力或大或小地被激发，我们对社区没有预设是因为预设反而限制了社区发展，实践论证我们都是跟着社区成长的节奏走的，一开始是完全飞奔，后来慢慢能牵住缰绳跟跟跄跄，再到现在能够对节奏把握准确并且有更多的经验去判断什么时候该快、什么时候该慢，淡定从容起来了。

当然社区硬件的空间条件是必不可少的，我们把实践中居住者使用社区公共空间的情况做一个梳理，以供大家参考。

一、室外广场的重要性

社区要作为一个整体推动发展，就需要这样的载体，那么每个社区的大型活动日就是很好的社区活力聚集地。室外广场最好选择社区的枢纽位置，枢纽本身是社区人流量的汇集地，又是居住者的必经之地。广场要开放式的，不能在围墙里面。

在无锡T社区，这个社区有7个组团，这张图片选取的广场就是在7个组团的枢纽位置。这一片广场不算大，但是地理位置颇好，且方方正正容易形成聚合力。不要小看这个聚合力，进入这片小广场，内容足够丰富人们会在内兜兜转转舍不得离开，从而产生丰富的可能性。比如逗留的时间更久，和居住者聊天更久从而建立信任关系，了解各个居民摊位上有故事的商品可能就能衍生出新的社区内容——或参与、或自己自发来组建个自组织，多沟通就会知道招募的自组织有哪些，现场就可以邀请加入自组织（也叫社群组织）。

以往社区居委会和物业举办社区活动，参与度并不高，场地选在另一处，要比这片场地大一些，狭长形，不容易聚合人群（T社区每个季度一次的社区市集，从第二次开始手把手带着居住者做，从如何定主题，如何设计吸引居住者的内容，如何宣传，现场组织怎么分工，后期回馈怎么完成等等，到第三次居住者就基本上可以自行组织完成了）。

因此社区各个利益相关方在很多事情上并没有达成共识，后来场地辗转更换几次，到了今年，前阵子找资料翻到T社区现在的社区市集又回到这片场地上，甚是欣喜，这是对的。

把社区广场使用起来，提升价值的并不是这个空间，那时候还没有菜场的时候就有建言，看到这片广场的活力想要固定设立卖菜摊位，不被允许，现在有了专门的社区菜场。前阵子看到一场社区赛事，就是这个菜场赞助的，可见从一定程度上"复兴"了社区本土经济。

那产生价值的是什么呢？

我们把每个季度一次的社区市集定义为"社区活力聚集地"，鼓励居住者走出家门认识邻居，鼓励年轻人回归社区，支持居民们社区创业，支持社区自组织招募新邻居壮大队伍良性发展……所以你看，价值不在"一"上产生，而是"一"生"二"，"二"生"三"，直至无穷，从二、三开始都是价值。

T社区市集上的居民摊位，现场互动教居民们包包子

　　"一"是这片广场，生出来的"二"就是居民们纷纷真正参与进来（不是被动参与，是自己真心喜欢真心想参与，主动参与、分担工作、共担责任），"三"是居民们发挥创意整了很多好玩的内容，比如现场手磨咖啡、才艺表演、各个摊位开脑洞做互动游戏等。这个包子摊位是开市之前先做了预售的，预售就是提前预订享8折，这样现场可以直接取货节约时间，而且物品准备上可控。因为一生二、二生三，从而支持了这几位居民们的技能upupup，而社区活力的充分激活又提供了一个庞大的市场，市场中的每个人都为你做信用背书、宣传传播、销售渠道的时候，自然而然催生了社区商业模式。

　　所以说，所谓的社区商业模式，一定不是目前所能想象到的，而是基于一生二、二生三至无穷生长出来极其多元又巧妙的模式。我们也是跟着社区的节奏走，走着走着看到了非常美丽的风景。

郑州 Z 社区市集现场，场地在售楼处门口的广场

要知道，真正美好的事物，都是从复杂中一点点生长出来的。

郑州Z社区尚在交付入住期间，居住者是陆陆续续入住的，社区矛盾冲突不断；社区枢纽位置一个十字路口已经有很多小摊小贩（社区周边配套严重不足），很难管理；社区私自住改商现象严重。基于这几点考虑，放弃了枢纽位置的广场，因为需要解决这三个问题，梳理出一套基本的秩序，这个秩序包括：居住者需要意识到社区各个利益相关方不应该是对抗的而是需要协商最好达成共识协作的；居住的归居住、商业的归商业，梳理清楚边界；建立基于诚信的社区交易模式（同时要用社区的信任关系去约束不诚信不负责任的买卖行为）。

如果不是社区枢纽位置，就要做引流的工作，就是把人流量引入到这片广场上。而且因为这个项目和开发商合作，社区活力又没有完全激发出来（在社区矛盾比较激烈的情况下，不可控就不应该贸然激发社区活力），既可以逐步建立居住者和开发商之间的信任关系，又借用开发商的资源减少了大量的工作量。郑州Z社区不像无锡T社区，做了一次，第二次可以带着做，第一次做是胆战心惊的，还担心维权的居住者来砸场子。居住者聚集起来讨论讨论今后咋做，郑州Z社区的居民思维方式还是指望着外部力量来做，并且较为功利，但这不能怪居住者，因为居住者实在没有渠道和平台，就这么一次社区市集对居住者来说就像开发了新大陆一样，最好周周都举办！因此每个社区的实际情况是不一样的，不能刻舟求剑，务必要准确评估社区的实际情况审时度势决策以及执行。社区之间存在地域差异，居住者之间的能力差异，赋权赋能也要看居住者的实际情况而定。

同样的，广场是"一"，这个空间是土壤，要生二、生三、生无穷。

社区里我们是不提倡做"一次性"的事件的，大多数社区里做的事儿都是一次性的，不可持续，还助长了居住者作为责任主体"认为无须负责任"的心理状态。在前一章我们讲述了社区市集需要有可持续的形式，其实也就是先有一而后生二生三生无穷的事儿。也就是说，如果我们认知到社区具备"系统性"，这个系统就有自发生长出更为复杂的形态或内容的能力。

社区市集有个拍卖环节，拍品来自居住者捐赠，同样，拍下拍品的还是居住者，这样拍得的钱款就设立了市集微基金。

那么要管理这笔钱吧？于是催生了市集组委会，组委会不仅要管理这笔钱，并且各个社区自组织可以在需要的时候申请。那申请需要个规则吧，不然怎么决策呢？就需要设计基金使用范围（规定只能组织申请不支持个人申请）、申请流程等，比如下面这张图，就是自组织提交的一个申请。这是一个可以走成闭环的机制，而且是良性的。

市集组委会收到的申请

有了市集组委会的概念，你就可以看到，另外一个自组织要做社区赛事了，他们先成立个赛事组委会来，而支持这次社区赛事的，就是基于社区市集培育出来的意识觉醒的居民（个人捐赠支持社区赛事）。这是一个良性的可持续的生态系统。

所以，广场不是广场，空间不是空间，而是培育社区生长力量的土壤。强调广场，是蕴含了开放性的，社区活力激发的基础在于多元交融，如果没有开放的空间，选择在围墙围起来的社区内的空间，就自然拒绝了社区周边居住者的参与积极性——社区溢出价值是溢出在这里呀！你都拒绝更多人参与了就没啥溢出价值了。

二、配套室内空间的实用性

社区的室内空间使用率是可以很高的，因为社区活力被激发后就几个房间根本不够用。在德国柏林参访ufafabrik社区的时候，惊叹于社区室内空间使用率极高，孩子画画的、成年男子练柔道的、乐队排练的、舞蹈排练的、爵士小剧场……待到整理我们案例的时候发现，其实虽然没有正经给我们个空间运营，但是实际上社区内的空间，社区活力激发了之后，根本就不够用。

图片中是同一个室内空间，可以看到四种完全不同类型的内容：瑜伽、缝纫、茶艺、话剧排练。虽然空间很简陋，克服重重困难也要用空间

记得量大的时候，这样一个空间被动分成几个部分，就是同时有几个社区活动同时进行。可见，室内的空间同样不需要太过于高大上，也不必执着于"看起来很贵""看起来很好看"，因为空间会随着使用者而变化，也就是说空间是一个灵动的东西，而不是一成不变的。你看，当居住者需要练习瑜伽，就把场地布置成瑜伽馆，当需要做手工，就抬上了缝纫机，俨然变成了手工室，而要排练的时候就地而坐，这个空间又变成了小剧场。

社区的室内空间要有很强的包容性，因为每个社区都有各个年龄段的人群，有数不清的真实需求，不可预设，而只能创造平台去期待、激发、引导。这也是社区最富有魅力的地方，不管是城市社区还是农村社区，不分城市，不分社区形态，只要是个人，就有需求，有需求，就必然有市场，有市场就可以作为。这和预设一样，最常见的就是预设一个空间，甚至非常死板，就是个儿童使用的空间（我承认社区需要给孩子成长提供必要的空间），可是，儿童需要关注，老年人不需要吗？弱势群体需要空间，中青年不需要吗？中青年群体心里的压抑、苦楚、难解难道比老人孩子少吗？为什么你就有权力决定社区的空间专门给儿童使用呢？如果儿童在社区里没有权利，实际上是各个年龄段的人都在社区里没有权利，没有特别的一群人有权力决定空间的使用权，这是共性的问题。

这就回到我们谈的社区是一个系统性的问题，系统性的问题需要系统性的解决方案，然后才有专项的各自层叠交错的发展。不管我们切入社区做的路径是什么，对问题本质的认知是需要有所觉醒的。并不是好心就能做好事，专业性、实践性、是否经历过论证的科学性，才是需要谈论的，这和你是否好心、是否有情怀没半毛钱关系。

而当空间满足不了居住者需求的时候，自然而然会生长出去，盘活社区周边的空间资源。比如上面这张图，用了社区底层店商的一家咖啡馆的空间。社区周边的空间资源是很丰富的，居民们意愿足够强烈的时候都会纷纷献计、贡献资源来解决空间缺失或不专业的问题。

记得无锡T社区一开始盘了盘社区周边的资源，因为实际上社区还是缺大型的广场空间，就是一大块空地，于是就找了周边一个商场，商场的室内室外都有很大的广场，室内广场是考虑下雨或天气不好太冷太热的时候可以用。结果商场经理浪费了我两小时后告诉我，社区就在他们商场旁边，已经是受众了，不需要再支持。半年过后，这位经理找到居委会书记，主动积极提供场地支持，而且，还问是否需要经费支持，他们愿意给费用支持。

社区很难做，但是我们基本上做下来的感受：社区遍地都是钱，当然我们没有要把资源变现的意图，也没这个志向。我们的志向是把社区发展好了，各方共同获益，让更多力量看到后可以一起来做社区、发展社区。居住者本身拥有的资源就丰富得不得了了，再加上外部资源看到了都愿意投进来当然更不得了了，哪里差钱，都是兜着钱要往社区撒的吗。

所以后来社区的一些内容就放到这个商场里的室内空间

做了，对于居住者来说是一个增强自信的过程，因为是邀请居住者去使用他们的尊享VIP室，居民当然觉得很自豪，条件确实很豪华，还不用花钱。所以你看，社区的钱，不是变现而来的，而是大家愿意共享资源开始，资源滚雪球越滚越多，大家同时共同受益。

居住者需要的不是一个好看的、好贵的、高级的空间，这和收入高低、受教育程度、生活消费习惯都无关。居住者是需要一个可以使用的社区室内空间，真正属于他们的、可以让他们支配、由他们打造、让他们来创造的空间，是一个实用性能很强大的而且不拒绝任何年龄段的居住者参与的空间。如果你把一个空间设计成专门给孩子使用，其实就是拒绝了除了孩子以外的其他居住者们。同样，你把一个空间专门给老年人使用，也把除了老年人以外的居住者拒之门外了。

三、私人空间转化为公共空间的可能性

在室内空间条件实在不具备的情况下，而居住者又有强烈诉求的时候，愿意贡献出自家空间的居住者并不少。这就让私人空间转化为公共空间具备了可能性。

在M项目上基本使用的空间都是居民家，很典型的是"爱娃娃"这个自组织，一开始固定在一个居民家里，由一位居民每周给孩子们讲故事。

场地当然也是成本，既然成本是以不用付费的方式体现出来，就应该用轮值各家都贡献场地作为一项基本的规则，这样其实就等同于各自付费了。所以"爱娃娃"整体调整后，就

轮流使用各个居住者家里的场地来运作了。

其他社区也是一样，开头我也阐述了因为各种各样的原因，居民们就不得不想各种办法解决场地问题，于是频繁地使用自己的家。这个前提是相互之间的信任关系建立好了，就有实现的可能性。

其实对社区空间的认知是很弱的，因为没有一个完整的空间交给我们运营过（此时也很庆幸，大概冥冥之中自有安排，幸好没有运营这么重要的项目，得以我们放开手脚专注做社区本身而不困于空间是否必须要盈利、是否必须要研究出基于空间的盈利模式来），所以一直觉得社区空间上我们没有什么经验，所以也谈不上有什么观点。

然而，实际上居住者的需求都是需要空间承载的，这个空间的含义是广泛的，而不是狭隘的，更没有什么局限性。

四、盘活社区周边空间资源的必然性

不管社区的空间有多少，都不可能满足居民们的所有需求，而且外部的商业场地可以提供的服务专业性要远高于社区空间，因此，居住者被挖掘出来的精准的需求都会寻求更专业的场地支持，而不局限于社区内的空间。当然以上所阐述的一二三四点的空间都是需要支付成本的，有的不是直接支付现金的方式，社区的资源也不是狭隘地理解为"建筑空间"或"钱"，居住者的人脉、技能、思想、影响力、资源、创造力……都是巨大的资源，如果直接"变现"就没价值了，但是放到社区中持续滚雪球，价值是无穷的。

从下面图片上，看居民们都盘活了哪些空间。

　　足球场地：对专业场地的硬性要求就会转化为一群居民就跑到专业场地上去训练踢足球，场地费用交年费，AA制，每年会举办很高大上的晚会，好吃好喝好玩，也不愁没赞助。社区活力激活了，真的遍地都是钱。

在附近公共绿地上办社区音乐分享会。

自驾出行，居民们去农场劳作。

　　社区的空间是满足不了居住者需求的，延展开来几乎是必然的趋势。为什么周边商场的经理一开始没法说服她，后来她愿意提供支持，当然是已成为既得利益者，看到社区蓬勃发展之后的价值，毕竟当居住者有黏性地参与社区，开始"复兴"本地经济的时候，这些周边商家都是受益者，不是吗？

　　这也是很尴尬的一个现状，就是其实我们已经很坦诚阐述了所有东西，包括也尝试让居住者现身说法，但是人们依然认为这不具备普适性，或者索性觉得不可信，或者要求一个量化的数据。无锡T社区半年250场次居民自发举办的社区活动，超过40个中青年群体自发组建的社区自组织，逾2万人次的参与量（是常住人口的两倍以上）；郑州Z社区前半年一直在处理对立关系，真正激发社区是后半年开始的，所以也是差不多半年时间，活动250余次，逾6000人次参与量（交付入住社区）。数据太容易得到了，而且这些都是居住者自发举办，并且居住者都需要自行付费，需要自己支付成本，这里面的成本还包括了人力成本、技术成本、时间精力成本；等等。这么庞大的一个系统性改善的过程，根本是超越现有的标准的，如果真的有制定标准的那一天，那这个行业基本是相对成熟且有话语权和威望的体系产生了。现在都是在试验期，我们都对自己做的事情并没有那么确定，还要寻找安全地带以及符合我国社区特色的工作方式，看起来并不是一条看得到规律的道路。

五、社区整体空间的连贯性

居住者在使用空间的时候是从实用性出发的，当然会有一些个性化的诉求，但是居住者们会相互适应、协商达成共识，所以这也是我们并没有对空间怎么解决太过操心的原因，居住者的办法总比我们多，居住者能够调动的资源也比我们多得多。

除了前面讲到的社区的广场、室内空间、周边空间资源，这些能够让居住者停留、使用、聚集的空间，是有连贯性的，这个连贯性体现在社区活力被激发的时候不仅以上空间被使用了，所有的社区间隙空间也都被使用起来了。

家长给孩子们讲故事，就在社区内一块空间上，铺了自带的地垫

早起，带上瑜伽垫，下楼就在社区里，居民教学，度过一个神清气爽的清晨

社区一个小走廊里开展绿植种植活动

停车库所在的地下室居住者都使用起来作训练用。

空间的利用开发度，取决于居住者的意愿，居住者意愿
足够强烈的时候，总能有意想不到的事情发生。

至此，我们认为，社区间隙空间不仅被得到了有效的开
发利用，也看到了社区公共空间的包容性：用广场承载居民们
社交的作用，用室内空间发展居民们的技能，用周边空间延展
居民们的真实诉求，用间隙空间满足少数量群体的需求。当然
还有线上的空间承载了传递信息、降低沟通成本、协助建立信
任关系等作用，这样就形成了一个整体的具有连贯性的社区公
共空间。

六、对社区公共空间的认知误区

大家对存量空间开始投注大量的关注力，增量空间快没
有了，存量空间的价值是肯定有的，但存量空间的价值并不是
基于空间直接产生的，而是基于"人的需求"附着于"存量空
间"才能使存量空间的存在有了使用价值。

比如，现在政府和开发商都是有大量的存量空间。但是
存量空间产生的价值很有局限性，还会面临甲方缺位的尴尬现
状。而一旦涉及责任主体，困境是居住者缺乏责任意识和协作
能力，要么变成维权，还不如白白空着。政府真正想要的是看
起来热闹但实际上不会产生"动静"的社区空间项目，和居住
者没什么关系。

而社区公共空间的盘活，是基于社区活力被激发，就是
社区居住者不仅成为社区的责任主体，而且有能力运营好居住
的社区时，可以把居住者的需求进行转化用空间来承载，或居
住者积极地把空间使用起来创造其他的价值。也就是说，社区

的价值，空间是载体，是土壤，但并不是价值本身。这就是"一"产生不了价值，"一生二"有了点价值，自然生长出来的越多元，越有价值，空间提供了这一土壤。

我们看到大量可贵的尝试，尤其是开发商现在有很多出色的案例，街道居委会、公益机构也在做积极的尝试。那么，如何从这些尝试中寻找到社区公共空间真正的价值。

城市和城市的面貌从相同走向不同，强大的力量推动我们的城市趋同，居住于城市的人用看似渺小的力量汇沙成塔，一点点地重塑城市的性格。所以看着相似的社区，开始有了千差万别的个性。

从无锡到云南到郑州再到北京到深圳，入住率低的稳定居住型社区、尚存有自身文化脉络的村庄、农民进城形成的高密度大型社区、商住两用流动性大的社区，在最初介入社区的时候自以为有通用的方法，到现在描述什么社区的时候，前缀的词丰富且没有重复，可见社区之千差万别了。我们在无锡做第一个社区的时候，曾试图用业主所占比例以及收入程度简单称之为高档、中档社区，以示我们的方法只适用于仓廪实而知礼节的社区，其他类型的社区并不适用。

因为现实生存环境所迫，以及论证方法的普适性，才有了无锡之外不同城市的不同社区。比起收入水平，产权归属、密度高低、产权性质、居住形态、居住者来源是更重要的因素。还没有考虑到公共空间及不确权资产的因素等。

对社区发展的评估上，我们也经历了比较复杂的历程。第一个社区热闹，社团的数量、丰富的社区活动可能是评估我们工作成效的一个方面，但是当时签的合同是对一个具体的整栋楼做运营，建立在空间基础上的社区发展。但囿于空间交付的时间不可控，导致合作夭折的时候也没有空间。

很有意思的是，目前为止我们实操的社区中，没有一个社区有条件给到空间运营，也就是说，即使没有公共空间，一样可以把社区发展起来。

虽然我们在第一个社区签订的合同就是空间运营的合作协议，但是我们完全没有涉及并且对于空间运营有天然的恐惧，对于一个过于小的机构来说，空间庞大而沉重，我们无法自证以及论证靠运营一个空间可以去发展出社区新邻里关系（在居住者主动参与的基础上，邻里间保有个体边界的相互尊重又相互支持的互助型社会关系）。即便现在大家的注意力都在建筑空间上，这里面探讨权利或许更贴切些。而我们作为外部机构是没有任何资格去获得社区内的权利的，而且能够催化社区形成新邻里关系，因此我们对社区内的权利非常谨慎，清晰的权利边界，克制的自我欲望，或许是我们的心法。

那，真的没有社区公共空间吗？

一旦真实的需求诞生，就需要空间承载，只不过这个空间的范围和现行流行的空间概念具有更现实的使用意义。

按照执行过的5个社区状况，根据实际使用情况，在不讨论产权所属的前提下空间可以暂时看作有这么几类：

（一）封闭空间：关起来的室内空间

我们在北京的项目上因为空间条件受限，而居民们需要举办沙龙、瑜伽、读书会、学习课程等，只能去居民家中，门关上，大家在室内交流，外面的人是参与不进来的，这是隐私的封闭的空间，只不过居民愿意把隐私空间在特定时刻转化成公共空间，具备公共空间的功能。

具备空间条件的社区，往往会使用一个室内空间举办活动，现在大部分居委会（或不叫居委会取个名称但实际上是居委会功能的单位）因为公建配套的政策规定及强制执行，拥有了部分空间使用权，就属于这一类。

（二）半开放空间：在一定时间内不锁起来的的室内空间

在日本走访的时候看到一个社区活动中心，我们当时没有什么凭证就自由出入了，运营时间内有需求的都可以在空间内逗留，是半开放空间。社区活动中心里面有大概三四层，每层都有封闭的室内空间，还有个很美丽的阳台。

大理有个很厉害的社区，反城市发展而自然生长出来的社区。邻居们有的开木工房，有的开酒堡，有的开咖啡馆……在做志愿者的两周里，我就很喜欢和邻居们扎堆到这些地儿，喝东西、玩八卦，在这些半开放空间里社区信息畅通无比地传递着。这些社区小商业不仅有交易功能，还承担了一定的社区服务功能，给邻居们提供产品服务，还有社区信息汇集地、邻里社交空间，时而转化为社区活动的场地。

记得参加了木工房的开幕仪式，在很偏僻的村里差点找不到地儿，来捧场的邻居们彼此熟悉，而我在当地的学校做志愿者，说起把美打造出来的木匠，是学校的家长，一说大家就都知道，就觉得好像自己不是局外人，这种参与收获的感受就是社区的魅力。

（三）开放空间：不锁的空间

任何人喜欢都可以参与的空间，不受身份、空间、时间的限制，完全开放的空间。最好的例子大概就是广场了，在北京的社区内有个篮球场，这个社区是开放式社区，并没有门禁，篮球场从早到晚都是有球队在PK的，从周一到周日不间断，生机勃勃。

每个社区我们都会举办社区市集，在郑州的项目后期，原先在开放空间举办的市集在资方的诉求下放在了社区之内，社区是封闭式管理的，成了颇遗憾的事儿。一旦拒绝的动作出现，活力的衰减几乎是必然的。

我们第一个社区的社区市集依然在举办，五个年头了，这个社区的空间设计上属于社区的开放广场就有两个。尽管市集的形式和内涵因不同利益相关方的诉求几经改变，但开放空间的作用依然在无形中形成了线下流量的真实聚集。

（四）延展空间：无限延展的空间

社区已有的空间当居民们的需求开始一一呈现出来的时候几乎不可能承载，延展是必然的发展规律。

运动类的需求，长跑、骑行、羽毛球、徒步……还有旅行，因社区聚集起来的群体行动所需，哪里有空间承载，他们就会去到哪里。个人认为这是社区延展空间。

居住者的真实需求激发出来，盘活空间资源，承载需求。

这样回过来看空间，是需要的，但不是固定的，也没有具体的形式，因为每个社区具备的条件不一样。如果空间成为固定的，那么为了把固定的空间盘活、提高使用率、产生效益等等，使用空间的人就成为次要的了。到底是人的行为塑造了空间，还是空间重塑了人的行为？或是人的真实需求其实没那么重要，毕竟话语上说"重要"，和实际的真正的重要，是可以完全不相干的。

如果当初我们做第一个社区拿到的是一整栋楼的运营任务，那可能我们仍然深陷于空间的运营中无法自拔，因为没有空间的使用或管理权限，而使得不得不用居民们的行动去使用能够使用的空间，才会对人的需求、行为、溢出作用有了实践和反思的机会。放空后再来看待社区空间，并不局限于某一个具体的固定的空间，具体的空间当然也很重要，可只是社区空间中的一部分。

现在，尤其开发商热衷于拿一个固定的空间运营，再来激活人们的参与，从逻辑上很容易正确，人们需求的丰富程度是远超过一个固定空间的想象的，除非实在是无趣得很，只能去固定的空间里一个萝卜一个坑地蹲进去。不然居民们主动去使用空间的动力是什么，是我一直没有想明白的。

如果用利益去吸引居民，和居民共建，聘请居民工作，利益上把握的分寸就很微妙了。不患寡而患不均，居民千千万，不妥；外来人员，更不妥。我们一再强调边界，就是社区内无权力者没有任何话语权。虽然利益是大家最能够理解的，但个人建议，共同的愿景优于共同的利益。

当然开发商如果拿产权属于自己的空间运营，介入社区有了很恰当的角度。这就和政府介入社区也有很好的角度，其实是优势同属一个道理。但是大家对于中国的社区到底是什么，要去往哪里，怎么把握分寸去做，是很模糊的。而对于居住在社区里一个个具体的人，需求是急切的，他们开始定义着社区，改变着城市，重塑着生活方式。

第九章　社区市集

社区市集是我们工作中很重要的一个工具。

第一节　社区市集的由来

社区市集也有个演变过程。在2008年发起"青苗计划"期间，一位小伙伴把"青苗市集"的形式延续下去了。当时是从孩子的角度切入每年六一举办，需要找场地，招募摊位，辅助摊位内容等，是较为复杂的一个系统性的完全靠组织去运作的形式，义卖所得的钱款用作定向捐赠。到"好家长"期间，倒是不用愁招募摊位了，因为好家长的体量够，但是每次做市集还是一次单独的行动，其中并无串联性，多是为了做市集而做市集，好在"好家长"们都玩儿得很开心。

无锡T社区介入的时候，找不到好办法，就用一场市集来切入。一来是成本低，我们组织单次的活动比较熟练，有人手有点子有资源，办次市集可以呈现的摊位的内容会比较富有创意，不流于俗套或太过于商业化，会比较容易聚集人气而受欢迎；二是市集本身是很开放的形式，敞开怀抱欢迎愿

185

意来逛市集的人们。没想到这个形式就一直在各个社区项目上延用下来了。

第一阶段　赋能居住者

通过社区市集培育居住者的组织能力、领导力、宣传能力、协同能力，培育社区的志愿者精神。

在无锡T社区，第一次市集主要是我们举办，第二次市集就开始培育居民们一起来参与，第三次开始确定市集的主题、怎么策划、怎么执行居民们开始深度参与，到第四次市集，全部是由居民们来共同举办的。

这一阶段主要发现社区市集这样的低成本、好操作，又能让比较多数量的邻居可以参与进来的形式，因为每个摊位其实就是属于居住者自己的一方小天地，居住者很快从高冷、不参与、拒绝认识邻居，转变为热情、积极参与、对邻里友善起来，因此就把这样一个形式慢慢完整地交付给社区。

第二阶段　塑造社区新邻里关系

在郑州Z社区，半年后才敢举办第一次市集。因为这个社区前期介入正在维权期，在激活社区的分寸上很难把控，因此一直很谨慎地在寻找合适的边界，在小范围内做一点社区激活，在这个范围上逐层扩大。通过半年的尝试，决定促成一次社区市集，有惊无险，最终圆满成功举办，促进多方协作，消除维权带来的对抗，化干戈为玉帛。

从Z社区开始，我们认真考虑培养除了居住者以外的其他群体或单位操作社区工具的可能性。

第三阶段　研发普适性工具

在深圳S社区，通过一个月的观察，初步判断这个社区的管家具备一定的社区工作能力（与居住者建立信任关系的能力；与居住者沟通交流的能力；对居住者具有一定程度的了解等）。如果一个社区有现成的可以推进在地社区运作能力的团队，我们就可以节约"培育成本"。因为前面大家可以看到，实际上我们介入一个社区的时候，是需要花成本挖掘社区种子并培育成一支工作团队从而开展社区工作的。

所以一个社区是否可以去激活，社区利益相关方是否具备能力并且有意愿去推进社区工作，是一个评判标准。然后还有一个观察是，居住者有强烈的社交需求，以及居住者有副业的情况居多，社区市集是具有社区邻里社交功能的，就大胆做了一个小尝试，把社区市集的操作手册给到社区，成功举办社区市集。我们并没有做任何的激活以及社区工作。

同样的案例在上海Y社区亦是。Y社区是一个老龄化社区，但是上海的居委会工作非常踏实，对社区的熟悉程度、基层工作的扎实程度，我们预判是具有能力的。能力同深圳S社区管家能力相当。在这个社区，我们到现场给居委会工作人员做了一次半天的培训，主要培训《社区市集实操手册》。之后没有再参与社区任何事务，也没有推进社区市集的工作。没想到居委会也把社区市集办成了。

构建"新邻里关系"，使人与人、家与园链接起来，是社区内生性成长的起点，也是社区治理要素发育的温床。谁说社区活动只有老年人老面孔？我们在████这个老龄化社区做的亲子集市活动，志愿牵头人和参与人群不仅一点也不老，报名参加时还要交保证押金。让社区治理运转起来，关键还是要关切生活、发现需求、优势视角、瞄准人群。

2019年3月23日 14:09

不同的社区，节奏不一样，形式只是"术"这个层面的，同样的事儿换一个社区做，未必适用，搞不好还会弄巧成拙。社区的成长，有自身的规律，把脉的时候"号准"了，才知道什么时候该做什么事儿，对症下药，多方共赢。

第二节　社区市集的作用

一、居住者个体自由展示的平台

社区市集之所以成本低，是因为居住者申请摊位，得到的摊位是自己的一方小天地，不需要非居住者去花钱花精力布置、设计、打理，居住者为了把自己的摊位经营好，会设计摆放、经营商品等。当然不同的社区会存在差异，未必如我们所愿可以显得很有品质，简单来说，就是不那么商业。但是如果没有好的榜样，就居住者现有的理解，不含有浓重的商业化味道都很困难。所以凡事都是有利有弊，我们在工作中经常遇到精心设计的内容，就有被居住者或各个利益相关方给糟蹋了，但这也没有办法，最终是否受到居住者们的认可，还是会直接反馈出来的。所以现在一般糟蹋了就糟蹋了，我们的工作职责在于尽心尽力陪伴社区走一段路，至于走到什么程度，是由居住者和利益相关方决定的，我们并无决策权。

不管怎么说，因为赋权于居住者，居住者对于市集参与有较强的自驱力，虽然这部分自驱力有一部分来自利益驱动，但实际上居住者要从社区市集中获取交易层面的收益，取决于其是否在社区内得到足够多邻居的信任和支持。

自由展示的平台，即社区市集是一个概念的提出，在不同的社区生长成什么样，取决于参与社区市集的每一个摊位展示出的内容，组合成了一个什么样的社区精神面貌。

二、 社区邻里社交平台

市集是一个鼓励居民们走出家门认识邻居和邻居们成为熟人的户外活动机会，市集上的内容具有社交性就会很受欢迎。比如现场教学烹煮咖啡、手作口金包、现场黏土制作；等等。

在社区市集，大家见面都是和乐融融的，不像社区没有激活的时候，彼此在电梯看到或在社区里遇见，即使已经很眼熟了，还是比较防备的。在社区市集，有叫卖声，有交谈声，随着交易买卖行为的发生产生沟通，一沟通发现是同一个楼的邻居，也许还在同一个城市求学过，立马就熟稔起来。

我们在无锡T社区举办第N次市集的时候，那真是人山人海，夜幕降临，一块大白布就开始放映电影，人们纷纷从家里搬来小椅子、小垫子席地而坐、谈天说地，谁都不愿离去。

有一位邻居还说，今天一家三口逛市集，天都黑了，好在他们家的阳台对着市集举办的广场，他们家姑娘端个小椅子坐在阳台上看市集，夫妻俩在厨房忙活做饭，好像因为社区市集，相互之间的连接更紧密了。

而我们也不乏摊位，一家三口，原来什么都不会，报名了市集摊位，开始琢磨做发饰，发卡、蝴蝶结等，结果一发不可收拾，市集前一周，一家三口天天晚上熬夜做了无数的发饰。市集现场，他们家孩子邀请了几位同学一起来助阵，友人之间、邻里之间、家庭之间似乎都在社区市集这个平台上拉近了距离。

市集上邻居们洋溢着的笑脸，收回了"防备"，愿意主动认识邻居，信任邻居，无疑是市集最靓丽的风景线。

三、规范居住者的社区行为

每个社区的实际情况有差异，我们很难用同一套方法应用于所有的社区，所以我们希望能够阐述清楚我们为什么要做社区市集这件事。不管是哪一类社区，居住者都有做点小生意的需求，短视的目光最先看到的是社区平台的建立可以为之带来个人努力无法获得的人脉。所以我们可以用社区市集吸引个体对社区感兴趣，居住者们感兴趣了，有点心动了，主动来了，就建立规则。通过规则的建立让大家体验到一个良好的社区平台，是大家共同建立共同维护的，需要支付成本，我们所说的成本是广义的成本而不是狭义的"钱"这个成本。居住者们支付成本越多，对社区产生的黏性和依赖程度就越高，因此规则才能逐渐被居住者们接受，成为共识。

在郑州Z社区，维权轰轰烈烈，我们花了半年时间建立了线上市集平台，市集的规则增加到十多条。Z社区是一个周围农民进入城市后入住的社区，对公共秩序公共环境几乎是没有意识的，在完全无序的状况下，市集的规则不得不在实际使用中持续往下添加。比如邻居喊来一个朋友，用自家门牌号，就开始进入社区内打各种广告；再如遍地开花的私自住改商，没有经营牌照，收割一波便离开社区；又如沟通简单粗暴直接，讲人情比讲道理有效。直到发现大家都有共同的需求——"挣钱"，于是建立线上市集平台的初衷是利用邻里关系的建立，形成无形的邻里制约，规范邻居们买卖商品诚信经营，起码对自己售卖的产品要负责。

在线上市集慢慢聚拢起来之后，没想到线上市集还成为支持社区其他社团发展的社区"基金"池子，比如举办一些社区活动，线上市集的邻居们会提供资金、物资等赞助。从维权的混乱，到愿意为社区做贡献，这里面产生的转变已经很大了，但很难从根本上改变人的意识和行为，真正的改变必然是长期的持续作用的结果。

从郑州Z社区开始，半年后举办社区市集开始采取了押金制度。这也是针对契约精神较弱的区域采取的制度。而令我们感到惊讶的是，在北京D社区，首次社区市集报名几乎有一半居住者不打招呼无故缺席，不得不针对北京社区也采取了押金制度。这是超出我们预料的。

所以在社区市集的操作手册里面，我们把押金制度添加进去，以供大家需要的时候酌情使用。

而在社区内产生交易的行为，由于结识的邻居越多，无形中的约束就越大，因为在社区内违约或不诚信是需要支付昂贵的成本的，社区内信息传播快，一传十，十传百，不仅是居住者本身，任何商业来到社区做生意，一个有序有凝聚力有共识的社区，作假、坑蒙拐骗都是会受到社区惩戒的。以无锡T社区为例，2019年发生了一件事，某个商户（美发类型）关闭跑路了，但是上百位邻居办的卡一分钱没退，硬是通过各类合法路径，把这家跑路的给拽了出来，要了个公道。

四、消费降级下的邻里生活

邻里信任关系的建立，为交易的流通提供了低成本的市场，你不需要营销，也不需要花钱做宣传，去寻找合适的消费者等，邻居们的信用背书降低了这部分的成本。那就是社区市集上售卖的内容，是可以低于市场价的，或者说用一些不同的方式使其在市集上低于了市场价。这样居住者就可以用实惠的价格，依然享受到很好的服务甚至更优的服务。

邻里互助本身就可以大幅度降低生活成本，简单到随手帮忙给邻居电脑装个系统，或者停电了有电工经验的邻居立马就可以帮忙解决电路问题；复杂到孩子上学被资料卡住了，正好在相关部门工作的邻居随手就帮了一把，解决了入学问题，等等。本质上使社会资源的流动分享，形成了社区共享的模式，人们愿意分享资源并且乐于与人方便、为他人创造价值，当然人们也会共享到自己需要的资源。

简单来说，我们不是需要去通过消费这种唯一的方式获得生存的归属感、认同感，邻里互助产生的资源共享可以以交易或易物或者其他未知的形式给邻里生活创造有品质的安全感。这时候社区内的居住者是可以在消费者和生产者两者之间进行转换的。

五、协同社区各方力量的工具

协同精神是很难培育的，尤其是社区利益相关方，除非成为既得利益者。但是社区市集是一个可以把社区中所有元素都不着痕迹串在一起的妙招，邻居们想做生意可以来练摊，邻居们想表演才艺可以来市集展示，物业想和居民们产生除了传统物业以外的沟通来放个游戏摊位，业委会、居委会也是同理，还有社团可以来市集招募新成员顺便大力宣传一下自个儿的社团，商户要是愿意为市集做贡献不仅可以提供摊位给其做宣传，还能参与到市集各个环节中来亮相……市集，海纳百川，无所不容，只有你想不到的，没有纳入不进社区市集的！社区市集是一个把个体、群体、单位、机构等串联起来的工具。

而且市集的内容越丰富，越容易引流，社区市集上人山人海以及高成交量是常态。所以这是很好的让社区各方都可以参与进来，一起组织、共同策划、多方共赢的机会。

第三节　社区市集系统

一、线下市集

线下市集是社区的盛宴，提前筹备一个月，从组建团队、确定主题、策划方案、准备招募帖、行动方案、宣传传播、现场执行到复盘，是需要群策群力的，既需要居住者的参与，更需要各个社区利益相关方的参与支持。

（一）市集筹备

我们来看这个案例，这是由居住者设计的一次市集方案。

灿烂开学季，一起来赶集

——北京 D 社区市集活动方案

1.主题

灿烂开学季：围绕着幼儿园升小学的主题，让小朋友将自己幼时的玩具贬买或进行交换，转让给有需要的小朋友，用这种方式记录自己的成长经历。

2.活动时间及地点

时间：2019年9月7日

地点：北京D社区中心广场

主办方：D社区赶集社团

协办方：北京D社区物业服务中心

负责人：某某某 联系方式137××××

报名方式：社区小程序

参与须知：禁易拉宝、展架、分享诱导性链接、传单等商业行为。若需宣传，与赶集社团联系。

3.市集背景

北京D社区有一群友好的邻居，他们来自全国各地，怀着不同的梦想居住到了这里，彼此之间并不相识，却总在社区里一次次擦肩而过。当社区赶集从邻居们都没听说过什么是"市集"，到一次比一次热闹，邻居们参与的热情越来越高涨，我们只想说：下楼吧！来和你的邻居成为熟人！这里是社区最热闹的节庆日，一个季度举办一次的社区市集，这里有美物、美食、美邻，一切美好静待着邻居们的加入。

此次市集已经举办到第四届，市集为邻居们认识彼此提供社交平台，帮助邻居们建立起信任关系，同时为有需求的邻居们提供摊位，支持邻里创业、社团招募、商家售卖商品等，建立规则和秩序来支持基于诚信的一切自由交易行为。每次市集提供50—60个摊位名额，收取押金，凡不遵守承诺不配合市集组织管理，一律扣除押金，商家（仅限上北商住两用中的商户）参加需缴纳摊位费。

4.报名要求

（1）必须是社区住户，报名须填写真实具体的名牌号，不可转让摊位给非上北邻居，否则永久性禁止参与市集并扣除押金。

（2）摊位押金200元（根据市集规定，遵守摊位承诺）；特殊情况自行寻找邻居替代，主办方不介入摊位更换事宜。出摊迟到（晚于开市半小时）、早退（早于结束时间或早于宣布退市时间）、无故缺席、摊位结束遗留垃圾，不退押金。

（3）报名需要添加"北京D社区小助手"，加入"上北赶集"群。积极在社团内沟通筹备宣传等事宜，共同准备一场社区盛宴。

（4）因社区为商住两用，报名时须填写"住户"或"商户"，商户仅开放若干名额报满即止。商户需缴纳200元摊位费方可出摊。

（5）市集仅为邻居们互相认识、建立信任关系提供平台，店铺商品的价格必须低于市场价，优惠邻里。

（6）摊主自带工具布置店铺——"我的摊位我做主"。店铺需制作店招，并在摊位出示。

（7）摊位仅允许出现支付二维码、社区小助手二维码，除此之外一切宣传形式，包括易拉宝、展架、分享诱导性链接、传单等商业行为均不允许。否则，一经发现不退押金。

（8）如需宣传，请与赶集社团的联合创始人联系，联系方式：赶集社团内添加群主，欢迎为下一届邻里市集提供赞助。

5.市集形式

本次市集时间：9月7日上午9点到12点，若遇下雨天自动顺延一周，时间场地不变。

（1）邻里摊位区：招募50—60个摊位

招募摊位，收取押金。住户不收费，商户（房子主要用途为营利性用途）收取200元摊位费且只能售卖商品，不允许以低价、礼品等诱惑让邻居们添加微信等任何联系方式，不允许做任何形式的传播、宣传；售卖二手闲置等生活用品，正常参与，不需要摊位费（凡未报名，投机练摊的商家，进入黑名单永久不能参与市集）。

（2）物业互动区

让邻居们认识自家楼管，拉近业主和物业的关系，形式不限，物业自由发挥。

（3）儿童游乐区

淘宝购买，粘包打靶，根据击中环数取得"代金券"。

（4）器乐互动区

由上北市集提供财务支持，上北之音器乐社团组织活动。

（5）应季活动展示

6.市集流程：

（1）筹备

7月28日市集海报设计完成，负责人某某。

7月31日发布招募帖，小程序发布负责人某某，公号发布负责人某某（需把小程序链接上），招募50个摊位报满即止。

7月31日物业张贴市集招募海报（南北门入口、篮球场、中心广场、一楼公告栏、电梯、物业前台等），物业楼管朋友圈、小助手朋友圈发布，楼管业主群推送。

8月29日前准备好相关物料（物料和人员准备分别准备物料表和人员分工表）。

8月26日招募社区志愿者，志愿者有明确分工，游戏区需有志愿者看守（有孩子的时候看着，没孩子的时候可以再去干别的），其他志愿者参考以前的配置。

8月23日报名截止。

8月25日公布摊位图，对号入座。

（2）执行

9月1日筹备工作全部完成。

9月7日上午8点所有工作人员和志愿者到场地布置场地，9点开市，主持人控场（流程表提前准备好），中午12点收市清理场地。小助手刷屏一天。

9月7日当天小程序出稿，负责人某某。

（3）回馈

9月7日复盘，具体时间为活动结束后。

9月11日最美店铺投票。

①物业互动区

物业互动区分为两个板块：第一板块游戏区：套圈（答题或注册小程序获取参加游戏的资格，奖品为和家洁的折扣券），领事认领（用黑板贴出领事照片，写出楼号及代号，由住户连线选出自己的领事，选对后可获得游戏资格，游戏是筷子入瓶，奖品为和家洁代金券）；第二版块宣传区，物业人员穿着人偶服装在活动宣传区进行拍照互动，主要做小程序及宣传指导注册。为了体现此次主题，所有物业工作人员需要佩戴红领巾、小黄帽。

②儿童游乐区

淘宝购买粘包打靶，根据击中环数取得"代金券"。

③器乐互动区

由社区市集提供财务支持，社区之音器乐社团组织活动。

④应季活动

教师节礼物。

7.市集宣传

市集内店铺以主题为主，体现出跳蚤市场，店铺招募50-60个，但儿童类贩卖区不少于30%，店铺招募可以和好家长沟通联系参与，物业可以在"晨送晚迎"和日常入户、朋友圈及住户群进行招募宣传，市集店铺以比赛性质，客户最喜爱等几项评比可获得市集奖杯一座。

8.活动流程

开场有小朋友表演节目，人员招募，各个社团宣传及领事宣传店铺招募时一同招募，节目积极向上体现出小朋友的天真活泼，此次参加表演活动的小朋友会获得精美文具一套。

时间：

9月7日9:00—12:00

8:00—9:00　场地布置志愿者签到，并领取物料和徽章/证书，负责人统筹安排和指挥，进行场地布置。

9:00—9:30　引导市集摊主签到，协助摊主寻找摊位，引导布置店招，引导老板们扫小助手和公众号。主持、摄影、采访签到；主持人领取设备，进行调试，播放暖场音乐。摄影可采集市集前精彩画面；摊主签到，领取出摊须知，确认摊位，须知重点内容；主持人预热，音乐就位主持人热场，做好出摊宣传，申明播放一些暖场音乐。

9:00　主持人开场，介绍市集，点出市集的意义，主持赞助费交接仪式（含有物业讲话），交接需拍照，鼓励捐赠公益项目。

主持人宣布开场，并祝老板们生意兴隆。

9:00—12:00　收集市集里有趣有料的故事，为小邻居们、大邻居们写一篇赞美的文章，鼓励邻居们继续练摊，采访需要有一定深度的交流。采访的主要内容：拿手的商品、别有的心思、为什么参加市集、有什么感受、感觉上北有什么变化；参访买到东西的感受，参加市集的感受和期待；向大家介绍摊位商品，烘托市集气氛；宣传社区小助手和小程序；摄影抓拍摊主家庭的美照、视频，留住活动的精彩瞬间，突出邻里互动、热闹场面、市集开始和结束的合影，各类型照片至少3张，每个摊位至少3张美照，突出店招、商品等；维持现场秩序，引导顾客了解市集，引导顾客关注公号、添加小助手。

11:30-12:00　主持人宣布闭市，号召大家清理现场，签到处退还押金，并登记营业额和捐赠额，宣布闭市（主持人写好串词）。

签到处退还押金，扫码登记营业额和捐赠额，店铺及场地清理场地，摊主清理好店铺。

我们从这个案例中可以看到筹备市集完整的一个过程。

第一步策划市集主题，每次市集需要有一个价值导向的主题，契合当时节日、社区氛围、市集内容，这次主题我们看到是开学季。市集的内容根据社区的实际情况安排，越丰富越受邻居们喜欢越好，这次看到还有代金券的设计，我们看到也是眼前一亮。我们每个人都只有一颗脑袋，但是每个社区里都有无数的居住者，每个人都有经验、技能、点子、想法、资源、人脉等，所以我们要相信社区里的居民们，他们完全有能力靠自身成长起来的内驱力，非常有智慧地去解决在社区里遇到的各种问题，以及可以改变生活的社区，让其变得更美好。

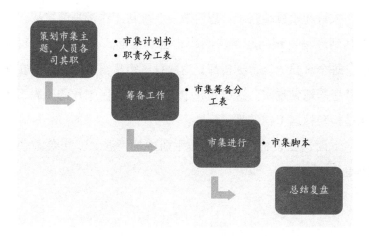

社区内的行动，通过充分的经验积累，需要有准备地行动，行动背后的逻辑最好庞大而完善。没有准备的社区行动

是我们不提倡的。比如社区市集，其实很多社区都在举办，但是看完这个案例，可能很难想象，这么庞大一件事儿，居然居民们完成了！居然要筹备一个月！就只看这个方案里制定的规则，显然规则并不是天上掉下来的，是通过一次一次市集的举办复盘优化而来的。而且和别的社区规则是不一样的，因为每个社区情况不同，需要根据社区实际情况制定适合本社区的规则。

社区里，谁有比握有社区居住权的人更有动力去让社区变得更美好呢？我们把积累的经验梳理成一套套的小工具，交给有意愿使用的相关方手里，全心全意地期待有更多居住者因此而获益。

第二步开始筹备，其实就是都想清楚了，明确好怎么做了，大家开始行动起来。想清楚了、准备工作都是前置的，而不是到现场发现问题解决问题；也不是形式主义运作，每件事、每个步骤、每个准备都是这次社区市集需要的，实实在在从梦想落地到现实。这也是我个人很喜欢社区工作的原因，实践是检验社区工作的唯一标准。

下面这张表格是市集操作手册中的一张，是市集筹备分工表。

市集筹备分工表

市集名称				市集时间		
市集 主办方				市集 协办方		
市集 筹备周期	五周	市集 负责人		协同人		活动 地点
前期 筹备期	筹备内容	负责人	对接人	参考文件	归档文件	完成打 "√"
第二、三周	发布社区 市集摊主 招募			海报	海报	√
	核实摊主 身份信息			身份核实 话术文件	报名 核实文档	
	拉摊主进 市集群					
	收集物料 及设备 需求					
	物业策划					
	收集店铺 资料，发布 在公号上			某参考链接	某参考链接	
第四周， 截止报名	确保摊主 在市集群					
	财务公示			财务公示表	财务表	
	准备物料			物料表	物料表	
	招募志愿 者一周			某参考链接	某参考链接	
	摊位规划			摊位图	摊位图	
	收集店铺 资料，发布 在公号上			某参考链接	某参考链接	

（续表）

前期 筹备期	筹备内容	负责人	对接人	参考文件	归档文件	完成打 "√"
第五周	出摊须知			某参考链接	某参考链接	
	物料确认			物料表	物料表	
	志愿者贴标					
	市集进行时			市集脚本	市集脚本	
	市集播报			某参考链接	某参考链接	
				某参考链接	某参考链接	
				某参考链接	某参考链接	

社区协同不意味着一锅粥乱糟糟，而是共同协商、责任共担、分工明确、责权边界明晰，这样分工的时候大家对于自己需要做什么，怎么去配合其他方，任务是明确的，才能齐心协力把事儿办好。但如果这样的工作风气没有养成，不仅没有协同能力，还有较大内耗，再好的工具、再丰富的经验也会竹篮打水一场空，还积累诸多社区矛盾。

那我们看到这张筹备表把五周每周划分一个时间段，每周有明确完成的内容。当然实际情况可以根据社区的需求有所调整或删减或增加等，每一周的进程是很清晰的，每一项都有对应的工具以及参考案例以供使用者习得。用工具培育使用者，目的是使其具备举办一场社区市集的能力。

第三步就是社区市集的如期举办了。

市集脚本

市集名称	远亲不如近邻		
市集主办方	某某某某		
市集协办方	某某社区物业/某某社区居委会等		
市集赞助方	某某商家/开发商等		
市集负责人	联系方式	电话微信	市集日期	2019.9.7 9:00—12:00

时间（计划进度）	活动流程	项目分工/项目细节	负责人
8:00—9:00	场地布置	志愿者签到，并领取物料和徽章/证书，负责人统筹安排和指挥，进行场地布置。	志愿者、物业人员
	店铺引导	场地布置结束，引导市集摊主签到，协助摊主寻找摊位，引导老板们扫小助手和公众号。	引导员3人
9:00—9:30	主持、摄影、采访签到	主持人领取设备，进行调试，播放暖场音乐。引导置店招，集布置画面画面。摄影可采市集前精彩画面。	主持2人
	摊主签到	摊主签到，领取出摊须知，确认摊位须知重点内容，发放摊位证。	引导员2人
	主持人预热，音乐就位	主持人热场，做好出摊宣传，申明播放一些暖场音乐。	主持1人

（续表）

计划进度 时间	活动流程	项目分工 项目细节	负责人
9:00—12:00	深度采访各摊主	收集市集里有趣有料的故事，为小邻居们、大邻居们写一篇赞美的文章，鼓励邻居们继续续摊。采访需要有一定深度的交流。采访的主要内容：拿手的商品，别有的心思，为什么会参加市集，有什么感受。感览上比有什么变化。助理形成简单的文字描述。	主持2人、助理2人
	采访顾客	参访买到东西的感受，参加市集的感受和期待	主持2人
	主持	向大家介绍摊位商品，烘托市集气氛。宣传社区小助手和公众号。	主持2人
	摄影	抓拍摊主家庭的美照，视频，留住活动的精彩瞬间，突出邻里互动，热闹场面，市集开始和结束时的合影，各类型照片至少3张。每个摊位至少3张美照，突出店招，商品等。	摄影2人
	引导	维持现场秩序，引导顾客了解市集，引导顾客关注公号，添加小助手。	引导员2人
9:30—11:30	游戏活动	讲解游戏规则，维持现场秩序。	引导员2人
11:30—12:00	开始闭市流程	宣布闭市，主持人号召大家清理现场，签到处退还押金。	主持2人
	签到处退还押金	签到处负责人，退还押金，收回摊位证。	引导员2人
	店铺及场地清理	摊主清理好店铺，志愿者清理场地，合照。	全体志愿者

市集的流程难在前期筹备，以及参与的居民们是否自觉遵守并维护规则，并且成为市集的共建者。市集现场的操作并不困难，参与居民够多，现场自然就热闹。而居住者是否喜欢店铺，也是立马见分晓的。比如在郑州Z社区市集上，有三家邻居做卤味各有千秋，有一家生意火爆的，半天市集的盈利就超过千元，后来这家邻居就正经开了家卤味馆。

所以市集现场，流程按照我们的市集操作手册执行即可，现场的主持、流程走向也应该主要提供给居住者们展示的平台，让每一家邻居介绍一下自家的店铺名字，自己是一位什么样的邻居，对社区有什么期待等。每个店铺轮流介绍过来时间都不够，如果居民们还有一些游戏互动、节目表演，社区市集的时间真的是白驹过隙，一眨眼就收市了。

第四步是优化复盘。

市集收市后庆功、复盘优化都不可少，顺便畅想一下下一期的社区市集。复盘结束，将本次活动所有的资料、纸质、电子档都留档备查。请看文件归档表。

文件归档表

事项名称			
事项负责人		联系电话	
文件名称	负责人	归档	备注
文件名称	负责人	归档	备注
市集计划书			
市集筹备表			
志愿者和市集老板报名表			
志愿者职责分工表			
市集物料表			
志愿者签到表			
市集老板签到表			
市集脚本			
市集收支表			
现场照片			
市集文案			
营业额和捐赠表			
更新手册			

如果社区市集参与者有尽情发挥才干的权力，工具的使用是助力其整合片段化时间、协同各方力量的提效工具，而不是让使用者感到痛苦的无形之手。而且工具是供使用者参考的，使用者应根据社区的实际情况酌情使用。

（二）市集的延续性

虽然社区市集是一种低成本高效率运作的社区工具，但我们仍然要思考如何让其成为具备自我延续能力的形式。在社区里的任何一种组织形态，我们都会思考没有外部资金的投入支持如何继续做下去的问题。简单来说，就是不用外部输血可以靠市集自身运作的形式。从2008年做市集开始，这部分设计一直是有的，只是落实到社区后，因社区实际情况的差异较大，有了一些变式。

1.拍卖

最开始我们采用的让社区市集可以自我持续运作的模式是在市集中添加拍卖环节。即参与市集的每一个摊位，虽然不需要交摊位费，但是需要捐赠一件0元起拍的物品，拍得的钱由社区市集进行定期财务公示，用于支持社区市集乃至其他有益于社区发展的项目。

这妙在看起来没有人支付成本，捐物获得一个摊位的资格。物品拍卖的时候加价拍下的是谁呢？以摊主为主，因为来来往往的顾客是流动的，摊主们则是"黏"在社区市集上的，从筹备、报名、准备、宣传到现场执行，全程参与，他们更理解社区的内涵是什么，更接受市集倡导的共享、分享、共担的理念。市集是大家共同从无到有创造出来的，每一位参与者都贡献了力量，也可以自由地选择在此平台上获取自己想要的。

市集规则的价值在于，让付出者得到邻居们的尊重，让破坏规则者受到约束，改变破坏性的行为。

拍卖，两个字，却协助社区自成为一个可以独立运作的系统。

2.赞助

当社区活力被激发，各类资源开始蜂拥而至，市集获得赞助就只是个时间问题。

我们对赞助的理解，是商家冠名支持，社区的商业赞助是可以发挥更高的价值的。

首先是驯化商业，赞助要进入社区，需要根据市集的规则来，社区主体才是规则的制定方，而不是给钱的一方，因为赞助者并不了解社区，那社区可以告诉你，你可以怎么做，多方共赢。

其次是赞助进入社区，必须真实参与到社区中来，不可以只是出个经费打个广告，而要融入社区市集里来，拥有一个能够和居住者们产生互动的摊位，内容设计得有趣、富有创意，受邻居们喜爱。

然后是赞助商通过社区市集让居住者们更好地了解他们，居住者们则通过社区市集的参与会对其有初步的印象。如果确实很靠谱，就可以成为社区的长期合作伙伴，彼此支持，相互支撑。

社区的良性发展，是离不开社会各界力量的支持的，商业的力量是其中之一。

不管是哪一种形式或哪一种变式，社区市集作为线下真实流量的汇集地，筑巢引凤，获得可持续发展的资金来源并不困难，取之于社区，用之于社区，为复兴本土经济逐步积累社会资本。

二、 线上市集

因为线下市集工作量较大，而且其真实目的也不是为了让社区内产生纯交易，通过建立起社区市集这个系统，线下市集是满足不了居住者的需求的，从而诞生了线上市集。

线上市集并不是我们机构预设出来的，没有做过任何设计，也就是说我们在社区里目前使用的系统性工具，都是在社区实践中跟着社区的成长节奏走获得的，完全是社区内生出来的形式。一开始在无锡T社区做线上市集，是因为要打广告的邻居实在太多了，负责市集的邻居干脆线上开个专门的给邻居们打广告的市集群，这就是其最初的雏形。规则很简单，每周末一个固定的时间段两小时内可以尽情广告，不要忘了发红包就行，因而很受欢迎。

到郑州Z社区的时候，迫于无奈沿用了线上市集的形式，没想到打破了二元对立的局面，最先在社区内建立起了公共秩序，大家愿意查看规则、自觉遵守，并且共同维护。从左侧的图中，我们可以看到郑州Z社区线上市集的规则，如何赶集、具体的流程是什么、怎么参加，简洁描述清楚。

在这个社区，有一年圣诞节组织圣诞老人敲门的活动，很多居民表示完全没看懂是怎么玩儿的。因此针对这个社区规则只能从简。但在北京D社区则不同，大家对于规则的接受度很高，示例如下，我们看到这个规则会更明晰一些。

各位邻居请注意，群昵称格式:楼号-门牌号-昵称，如:12-2-门牌号-某某某。昵称不得带有商品、品牌、色情、暴力或者反动等信息。市集摊主可用以下格式:参加的最近一期市集-摊位名称，如:一期-小卖铺。

各位美邻，积极参加社区活动是美德哦!

"某某赶集"是社区非营利性自发组织社团，为满足社区邻居们日常生活需求而成立，鼓励邻居们乐于分享、诚于经营、用邻里互助替代消费从而提高社区生活品质。

为保障"某某市集"长期可持续运营，规则如下:

1.后面加入的邻居们，申请加入此群请备注门牌号，加入后名片修改为"门牌号""昵称"后面加入的12-2-门牌号某某某（加入后经提醒无动于衷不修改的邻居，很抱歉会被请出去）。

2.邻居们可在群内发布宣传社区社团、求助、租房等生活相关信息。

敲黑板!!!群内不允许发布任何宣传信息、变相宣传信息、交易信息等，仅为邻里交流平台!!!违规者经提醒需道歉。

3.产品、广告、闲置物品等请移步社区小程序发布。可在群内转发小程序。

4.敲黑板：群内禁发二维码、链接、App等。

5.本社团倡导互帮互助、邻里情第一、交易第二，一旦有邻居反馈不诚信经营、传销行为、售卖劣质产品、高于市场价等莫名其妙的行为，将会予以声明公示以正视听。

6.本社团仅为邻里互助而成立，是邻居们齐心协力、协同合作建立起来的，每一位加入的邻居都有责任让本社团发展得更好尽一份力。

7.本社团承诺积极支持、帮助其他社团，积极转发社团信息（以社区小助手信息、社区小程序等为官方信息），鼓励邻居们积极参与活动、共同创造美好社区！

感谢邻居们的用心！欢迎邀请邻居们加入本社团，来"赶集"！

　

每个社区都有自己的特质，选择什么样的规则由居民自己制定，他们是最了解这个社区的人，也是这个社区的后继力量。但是我们在社区中是需要不断向居住者们描述社区愿景的。发动居民的内生力量，线上市集的形式上也是可以做得有趣好玩的。

我们再看郑州Z社区的市集开市介绍，社区市集到底是什么，讲清楚和不讲清楚，效果就会差之千里。这里面写"社区市集"不仅为居民们提供了社区服务，为创意满满的邻里店铺创造了展示机会，还为谋生地邻居们提供创业平台，更为广大热爱生活向善向美的邻居们提供了"和你的邻居成为熟人"的平台。在北京D社区，居民也会用一段话来描述市集对于邻居们的意义。

北京D社区有一群友好的邻居，他们来自全国各地，怀着不同的梦想居住到了这里，彼此之间并不相识，却总在社区里一次次擦肩而过。当社区赶集从邻居们都没听说过什么是"市集"，倒是一次比一次热闹，邻居们参与的热情越来越高涨，我们只想说：下楼吧！来和你的邻居成为熟人！这里是社区最热闹的节庆日，一个季度举办一次的社区市集，这里有美物、美食、美邻，一切美好静待着邻居们的加入。

赋予社区意义，即人和人之间的社区新邻里关系和社区之间千丝万缕的链接，梳理出这其中的脉络，通过不断的表达和信息的传播，才能让居住者们意识到自己和社区之间的关联。

线上市集为线下市集做铺垫，线下市集为线上市集落地真实可见提供平台，这两者之间相辅相成，为社区聚集人气营造良好的社区氛围，培育社区商业力量，展示逐渐形成市集的整个系统。

第十章　社区避坑指南

如何把一个社区的新邻里关系建立起来？选择一个合适的社区落地做实务吧！以下论述建立在实践过的案例基础上，也就是说我们没有做过的社区类型应该还有未知的"坑"。

我们阐述太多社区实务方面的实际内容，而没有认真呈现过这项工作的风险，以及我们是如何在实践中积累经验逐步规避风险，其实这会更有价值。以往把社区实务吹嘘得太美好了，决定负责任地写出"避坑指南"。

NO.1 坑：合作方

我们是不具备营利性质的迷你型机构，对任何一个社区而言，我们都是"八竿子打不着"一块的第三方，因此需要资方购买我们服务赋予我们介入社区的权利。

合作方包括了政府、基金会、开发商、商业公司等，不同的合作方想要的是不同的，统一的是都不会直接阐述其目的。我们遇到过政府部门诚恳表达就是为了老百姓日子过得好一点，实际上更强烈的诉求是获得上升的渠道。现行社会运作的模式也只认同两套逻辑，行政逻辑和市场逻辑。像我们机构这么务实踏实干活的居然成了"理想主义"的代表，有些地方项目主观性太强，单凭经验去判断，信息不对称不透明，这种人为的合作模式，后期牵扯大量时间去梳理，不进则退。

所以一般合作方阐述的目的我们很"get"，如果按照字面意思理解就会大相径庭，这也直接导致了我们头两个项目的合作很不愉快。

因此建议在谈合作之前，需要对合作方有个诚信度方面的深度了解，最好的方式是靠谱的人做的信用背书。我们在后期项目上采用的策略就是这样的——用社会信用良好者的信用背书来评估合作方。对于我们这种一心想做专业事儿的超迷你机构，宁愿牺牲工作机会甚至在此行业消失，也没有动力按照合作方的意愿执行项目。

通过社会信用良好者的信用背书初步评估合作方可以合作，需要进一步确认合作方的诚意。虽然合作方购买我们的服务，但甲乙方应该是平等合作的，如果合作方因为出资而打破平等协商的关系，高高在上俯视我们，那我们是不能忍受的。大不了不干，这就是超级迷你小型机构的好处，抗风险能力很强。在这之前每个项目上我们的团队都很大，被两次灭了之后痛定思痛才成这样的。有些合作想要到达的目的是非常明确的，做单个社区服务项目的不是眼下最急迫的、单类群体的服务属于专业社工服务，新邻里关系建立则是整个社区生态系统的构建，这是完全不同的工作领域，我们是从事后者的专业机构。

　　大部分合作都是很功利的，也是相对表面的。比如和政府的合作，大量的案头工作，虽然我们也需要这些，但完全形式化对上唱歌的无效行为做太多了，会降低工作技术的含量以及导致团队的运作失效。同样的，基金会也是非常注重案头工作的。前两者的功利性强于开发商和商业。理论上来讲，应该是商业机构更为功利，那这可能和政府、基金会在社区领域并不十分专业相关，而且这两者推进的社区项目都相对片段化，做社区中的某个部分或单类的社区服务项目，比较容易看懂"出成果"。

　　像我们这样的机构，也存在是否具备诚信度的问题，现在普遍的做法是相互做信用背书勾兑资源，说难听点就是分蛋糕。合作方在积累了一定的经验后才会具备分辨能力，哪些机构具备专业能力，哪些机构很听话还能干活，哪些机构能干活但不听话，哪些机构做的事情是有价值的，哪些机构可以发展为自己人；等等。

　　从2008年开始政府启动采购社会服务，要求落地项目到社区，到如今社区成为热频搜索词，社区这块到底可以怎么出成绩？翻不出新花样了。但是商业力量不同，很多有意思的尝试开始呈现。可我们不能指望用商业的逻辑来解决社会问题，它也不可能解决社会问题。是否具有足够的信念感、使命感去坚持做社区工作，成为机构是否能存活下去持续创造社会价值的核心竞争力。当然活不下去就什么都没有了，活下去等到合适的机会，已经准备充分了，厚积薄发。也可能一直在等待但没合适的机会，或没抓住机会。时势造英雄。

既然甲方很功利，乙方目的也不纯，那就不如打开天窗说亮话，明明白白了解彼此的诉求。比如我，就不喜欢谈情怀，也不爱画大饼。社区这么复杂，能做出个三三四四来就不错了，情怀要活下去才有闲情，大饼要未来才看得到具体样子。

避坑指南1：说什么不重要，重要的是做了什么

逻辑正确很容易，落地成为真实的相当难。因此不管谁说什么，不要相信，听听也就过了，不要当真，认真你就傻了。尤其说得越好听，越要保持清醒，蓝图越大，越要保持距离，这样才能理性评估其真实性。但是话又说回来，如果光靠说什么就可以打动你，那就是你和我想要做的事儿是完全不同的事儿，能和合作方达成共识即可，一起画大饼等待时机也是一种策略。

合作方说什么不重要，重要的是看合作方做了什么。行动和支付成本才是衡量话语真实的唯一标准。同样的，不管哪个机构说自己社区做得有多好，不重要，重要的是机构落地做出了什么，行动是检验社区工作的唯一标准。

即使合作后期合作方有所转变，至少具体实施上事实客观存在，对得起付出的心血。

避坑指南2：拒绝合作方强加的意图

对资方"say no"不仅需要勇气，而且需要底气，这就是超级迷你小机构的好处，除却具备法律效应的约束，拒绝其他。如不能达成共识，合作便结束。

前期通过评估基本达成共识建立合作，但社区太过于复杂，这还没包括社区其他各个利益相关方。合作方是一家单位，由很多个体组成，每个个体对社区的认知是有差异的，而且像开发商公司内部关系复杂、内耗大，客观存在大量不可控因素。还有更麻烦的就是每个社区的实际情况完全不同，落地执行后生长出的内容和预期不符。我们基本都是跟着社区成长的速度走的，但是合作方不明白这个道理，甲方有强烈的稳固其地位的诉求。同样的，在政府和基金会项目上也是一样的，完全要按照项目计划书一步一个脚印执行并完成报告，在真实和形式之间会分裂很大。

拒绝合作方强加的意图，一是要清楚自己要做什么，明确坚定你才会做拒绝的动作；二是要解读意图背后的逻辑。比如我们曾经在某个项目上有个居民想要做一个唐诗大赛，引入很多外部资源，那这件事哪个社团感兴趣就哪个社团去做就行了。不，非要找我们，因为我们当年在当地还有个千人以上的庞大的志愿者群体，都是其目标客户、中产及以上家庭。于是他就找到合作方领导，意思是我本人不支持他的行动只能求助合作方，合作方大力支持，并且还从领导层面又进行了一层拓展，搞更大。那时候没有经验，很气愤，没有深度分析，其实合作方的意思就是认为我们拥有的权力已经过大了，要收回来，但我们没有领会到这层意思。

避坑指南3：话语权空间决定做事的空间

既然每个合作方想要的不一样，那就需要明确地了解到底想要什么，去伪求真。要做什么明确了，明确话语权归属以及空间大小，这样方便机构明确到自身定位。给多大话语权，做多大事儿，这是一个明确的授权动作，因为话语权决定了我们可以做多少事儿。

话语权除了合作方的赋权，其他具备决策能力的利益相关方也决定了合作方能不能赋予你话语权。所以和各个社区利益相关方建立良好的连接是社区工作的基本技能。

避坑指南4：提高合同首笔支付比例

社区工作看起来没有啥技术含量，非常简单。所以一般前期拓荒完成后，合作方会认为你已经没有价值了，毁约、不续约的情况是经常发生的，合作方就自己干了。

认识到这样的现实后，我们所有的合作只一年，之后完全退出不参与。这样给合作方足够的安全感。另一方面保障我们的安全感，就是提高合同的首笔支付比例，提高合作方的违约成本来保障完整执行完项目。

NO2 坑：协作团队

协作团队的专业性，就目前现状而言，愿意从事社区工作的专业人员就很少。也就是说我们甚至不指望可以培养出人才来，宁愿革新团队组建方式。

避坑指南5：合适比专业重要

从事社区工作的人员需要具备一些素养：良好的沟通表达能力、感染力、丰富的社会阅历、靠谱的为人处世等。自从我把想要招募的人员标准列出来后，人们纷纷表示这样的人才他们也都需要。

"英雄不问出处"，我们在一个偏僻的云南小村庄都可以成立村民们＋外部专业力量支持的工作团队，也就是说不管社区基础如何，合适的人都是可以找到的，合适的人都能够找到方法让他们成长以胜任。如果是一个不符合这些素养的人，则要看个人的成长诉求和努力了。目前我们并没有找到合适的方法。

如果没有物色到合适的人，那每一个不合适的团队成员都是"坑"，在每一个具体执行上都会有意想不到的挖坑效果。这样会对带团队的小伙伴的管理能力持续性地提出挑战。

避坑指南6：此路不通赶紧换

又要说超级迷你小型机构的好处了，在第一个项目上我们采用我师傅的工作团队模式，建立一个8个人的工作团队，还要去运营社区里的一栋四层的楼。社区活力的迅速爆发，以及团队人手完全不够用导致了长期疲惫工作的高压状态。

到第二个项目，我们放弃了空间运营，依然成立人数多的团队。

没有了空间把持，就失去了在社区内行动的权力，因为赋权并非清晰可见。这又是个高风险的坑。没有赋权，你没有权力参与社区事务。

显然这是个人力密集型行业，但靠一个超级迷你小型机构投入是不可能实现的。于是换条路，工作团队的人数依然是壮大的，但人员换成了拥有权力者，即在地居住者。这之后成了我们的工作模式，很顺畅，不纠结了。

避坑指南7：解决问题就好

很多人喜欢分析问题，社区实务工作确实需要分析问题，但社区实务工作更需要分析问题后认识到问题并提出解决方案，更需要解决问题的人。

社区里没有解决不了的问题，缺的是愿意解决问题的人。再说白点，缺的是能啃"硬骨头"能扛事儿的人。

我们把工作方法做梳理，希望能对其他社区有参考价值。

NO3 坑：居住者

居民的数量和资源远大于任何的个体或群体，居民作为社区内权力的拥有者（租户目前不受到保护，但租户实际上和业主享有同等权力），在自家的居住场所，有天然的自由表达和行动的权力，不仅是参与社区实施社区责任，还包括维权、攻击、谩骂、挑拨离间、制造矛盾、煽动邻居不交物业费、性骚扰邻居、过度侵犯他人隐私、破坏社区公共环境等。

而我们作为外部机构，即使合作方赋权也没有任何立场去要求一个具体的个体做什么不做什么。这是很明晰的个体边界。

当居民以其正当权利（我是这里的居民）进行维权、攻击、辱骂等一系列行为时，我们也只能转个身抹眼泪啥也干不了。老百姓其实也不容易，因为他们并没有其他的沟通渠道和方式，就连宣泄个情绪也不会被接受，欺负比他们弱小的群体成为其宣泄口。

避坑指南8：穿个隐形衣

不要直接接触居民，尤其是没有任何准备的时候。我们做第一个社区的时候就没有任何准备，就呼啦啦冲进去干了，后来遍体鳞伤出来。我们没有为了一个工作把自己整个人给搭进去，还有千千万万的老百姓等着我们去做社区、造福的。

所以，接触居民之前，先穿个隐形衣。不然我们不知道人们会以多大的恶意来揣测我们，在一个互害型的环境中，相信一个陌生人需要支付的代价也是我们不能想象的。因此我们有了"社区小助手"这个工具，在开天辟地做社区的时候，给行动者和受众之间来个缓冲，通过这层障碍，慢慢建立信任关系。而对每一个新来到社区的居民，初接触的时候都需要这个隐形衣。所以让居民们意识转变从而发生行动上的改变是高风险的事。要学会保护好自己，保护好团队，保护好社区种子，活久一点才能做更多的事儿。

避坑指南9：无利不起早

看到机会的居民们、资源们都会来。识别居民们的动机很重要，虽然未必能识别准确，但是可以通过熟识的其他邻居或值得信赖的人，了解一下其信用背书。与信用背书佳的居民们多交流，我们做居民标签，可以帮助识别。这也会成为一套工具。哪些居民值得信赖，哪些居民做事靠谱，哪些居民认识的邻居数量多，哪些居民具备哪些技能等，同样也会设置一些劣币标签，哪些居民不遵守规则，哪些居民屡次提醒还贴小广告；等等。

这些标签都可以帮助识别居民们的动机，从而决定初期应该信任哪些居民，哪些居民需要保持谨慎。像NO1坑的避坑指南2的事件，这位居民一开始要成立社团，其实没有提供支持，到后面社团逐渐遍地开花才支持的，但是居住者的行为是防不胜防的。

避坑指南10：社区种子是找出来的

不要认为居民们可以培养出来，成年人是不可能培养出来的，除非经历重大变故重新审视人生才会发生改变。社区种子是找出来的，一定要找到符合标准的人，而中青年，尤其是中年，才是社区振兴的希望。因为年轻人没有经历过生活的磨难，也没有养育过孩子，没有经历过家庭生活的妥协，是无法理解生活的意义和价值的，也没有足够的说服力，去说服其他人一起来创造一种生活模式，况且，他们还要建立人和人之间的邻里关系。

避坑指南11：珍惜社区种子

因为我们不在社区做空间运营，要获得话语权，只靠合作方赋权也不行。因为合作方实际上在社区里也没什么话语权。所以需要挖掘社区种子，社区种子是有天然的话语权的，从社区种子延展开去，居住者相互之间进行交流而意识觉醒，共同为社区做点微不足道的小事儿。这样一来，这件事儿才有了合理性。

社区种子的重要性是作为一个枢纽把社区所有的内容传递到达社区的，配合社区信息平台的使用以及其他创造的各类场景不断交互，达到社区整体性的改变。

NO4 坑：社区利益相关方

社区利益相关方包括居委会、街道（以及街道之上的行政部门）、开发商、业委会、物业及其他。

虽然利益相关方在社区说话未必有人听，但利益相关方都非常强势。物业听起来是弱势部门，但要和物业经理打交道，会发现人家也是正儿八经的领导，也是有权有钱的。社区最复杂的就在这里，因为各个社区利益相关方实际占有了全体业主的部分权力并当成是自己的。让其让渡出权力是几乎不可能的，但真正的社区良性可持续的发展，是在社区利益相关方这个层面上实现很好的持续的协同。

避坑指南12：了解社区相关的各个行业现状

居委会、业委会、物业等各个行业的进度是什么，相关的资料和文章要经常看，一些有价值的案例要关注。对居委会的进度有所了解，基本上就对政策解读和落地之间的距离搞清楚了。业委会现在经常搞一些行业大会，折腾出来的案例都会有所呈现，因为他们必须靠民意获得法理上的合理性；物业的创新案例会更有价值一些，开发APP、小程序，革新工作模式等，这里面未来会诞生有价值的内容。

知己知彼，才知道怎么和这些利益相关方沟通，能够互相了解，为今后协作打下基础。如果不愿意协作，那也知道人家"软肋"，没有协作补上人家不擅长、做不到的，将足够多的筹码积攒起来，"挟天子以令诸侯"。天子，天赋人权；诸侯就是各个利益相关方了。

避坑指南13：不给他人制造障碍

社区利益相关方从业人员参差不齐，但居委会和物业的基层从业人员收入并不高。寄予厚望可以培养这两拨人来从事社区工作，尝试过均未成功。这和我们是超级迷你小机构也有关系，做不了这么大的事儿。业委会就没考虑过，我自己居住的社区当初业委会就是我们极力共同推动建立的，现在是个人最恐惧打交道的社区利益相关方。一些业委会对于争斗并且把任何人当成敌人，不知道为什么有种天然的"热情"。

至此，我们没有培育利益相关方从事社区工作的经验，可能未来会有，但目前没有。

但是，只要是个人，是个单位，是个资源，都是可以为社区所用的。因此我们要在社区中不给任何利益相关方制造障碍，有些顺带能做的事情，能与人方便，主动就顺手做了，以积攒友善良好的印象。

避坑指南14：不及时满足诉求

社区利益相关方提出任何诉求的时候，注意了，这时候并非我们主动，我们是被动的。因此不要及时满足。

因为我们需要做一系列工作：了解诉求背后的逻辑是什么、了解真正要表达什么，有没有潜台词，收集相关信息论证真实性；然后思考，我们需要做什么，是否影响现有的工作，做了可以产生什么价值。

两厢比较后，再做决策。

尤其当邻里关系逐渐建立起来之后，社区有凝聚力了，这个延长满足的时间可以更久一些。

避坑指南15：值得投桃报李

值得投桃报李的社区利益相关方是"珍稀动物"，要好好保护。

　　什么样的利益相关方值得投桃报李呢？我们没有提任何诉求，在关键点上发现能做点啥就直接做了的社区利益相关方。

　　比如郑州Z社区，居民一直维权，客服也不介绍一些社区种子来，我们用了很传统的方式，在社区楼下居民们开始出来散步玩乐的时候一个个地去结识，这样积累了一百多个数量的居民，开始小范围地将社区活力激发起来。因为怕动作太大，居民们反感（这里的居民，只要不维权，你就是我们"敌人"），不敢动静太大。有了一些社区内容后，公号上开始细水长流地放上去。这家开发商销售部的经理，本身也是这个社区的居民，只要一看到公号发布，立马要求整个销售团队去所有渠道转发。居民从几百往几千增长，我们才知道是她在背后默默助力。这样的利益相关方就太给力了。

　　社区无大事，无非就是每件小事都有看到的人，而看到的人顺手带了一把而已。

后　记

在决定写书之前，是很犹豫的。自觉水平还没有好到可以出书的地步，但国内社区行业林林总总，真正实践的小伙伴们却未必有发言权，便自我对号入座，认为在可以说话的时候不妨说几句废话，有心人自然听得懂。

这些年在社区行业沉沉浮浮，坚持不易，以此书致敬所有真正为中国社区事业恪守使命一往无前的人们。

此书内容多有不妥之处，还望大家多指正。

谢过。